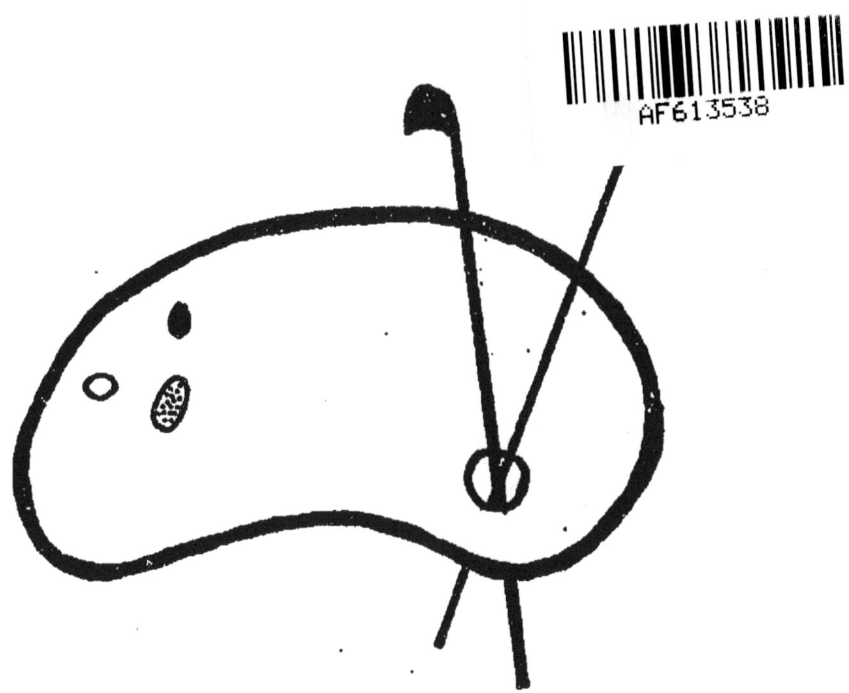

L.-D. BESSIÈRES

# LES INSTANTANÉS

CROQUIS ET IMPRESSIONS DE VOYAGE D'UN MÉTROMANE

1902-1903

I

ÉMILE COLIN
IMPRIMERIE DE LAGNY

1904

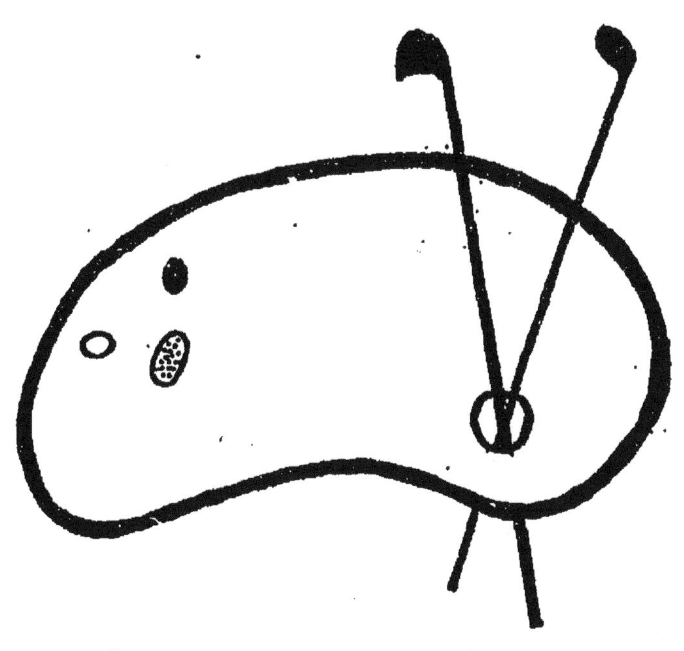

# LES INSTANTANÉS

I

## DU MÊME AUTEUR

---

**AD HUNC ET AD HOC**

POÉSIES DIVERSES

(1902)

---

L.-D. BESSIÈRES



# LES INSTANTANÉS

CROQUIS ET IMPRESSIONS DE VOYAGE
D'UN MÉTROMANE

1902-1903

I

ÉMILE COLIN
IMPRIMERIE DE LAGNY

1904

# AU LECTEUR

C'est une course un peu désordonnée
Qu'on vous présente, ami lecteur,
Mais, pardonnez au moins pour cette année
Ces « instantanés » à l'auteur ;
Il n'a pas fait encor le tour du monde,
Tout en courant du sud au nord,
De l'est à l'ouest ; mais sa muse féconde
L'y suivrait-elle tout d'abord ?
Puis, au surplus, l'Europe plus voisine
Lui suffit, bien assurément,
Sans qu'il lui faille aller jusques en Chine
S'esquinter le tempérament.
Sur un tableau très sommaire, il indique
Les lieux que foulèrent ses pas,
Mais consultant la table alphabétique,
Partout, ne l'accompagnez pas.

# LES INSTANTANÉS

## CROQUIS ET IMPRESSIONS DE VOYAGES D'UN MÉTROMANE

(1902-1903)

---

### Écouen.

Jean Bullant, l'architecte aimé de Catherine,
A, pour Montmorency, bâti sur la colline
Ce superbe château rempli de majesté,
De grandeur, de noblesse et d'art inimité.

Que j'aime à contempler ce génie artistique
Qui sut associer la grâce à la technique,
La règle à l'imprévu, le charme à la raison,
De la vulgarité repoussant le poison.

Ces décorations, cette haute chapelle,
Ces lucarnes, ces toits et cette cour si belle
Dont chaque face étale un varié décor,
Qui semble de la pierre avoir extrait de l'or.

Honneur à ce Mécène ! honneur au Connétable,
Car il sut discerner l'artiste assez capable
Pour concevoir, créer, parfaire, soucieux,
L'œuvre qu'on voit ici, d'un art si précieux !

Il voulut l'entourer d'artistes adorables :
Des Goujon, des Cousin. Les restes vénérables
De l'œuvre de ceux-ci, véritables trésors,
A l'église, au château, se retrouvent encor !

## Sarcelles.

Sans doute le pays était marécageux
Pour prendre ce nom de Sarcelles ;
Lui resta là, trouvant le site avantageux ;
Elles ont fui, grâce à leurs ailes.

L'église, avec son chœur et son clocher romans,
Possède une nef du quinzième,
Sa flèche en pierre et des détails charmants,
Sur sa façade du seizième.

## Saint-Prix.

Aux flancs d'un haut coteau, pittoresque village
Coiffé par la forêt, étalant ses maisons
Au soleil ; sous ses yeux, l'immense paysage
D'une belle vallée et de ses horizons.
De ce petit pays, si grand était le charme,
Que pour se reposer des luttes de Paris,
De sa fièvre et de son vacarme,
Maint hôte illustre en fut épris.

Ni trop près, ni trop loin, il pouvait satisfaire
Au besoin de repos pour un bout de saison.
On y vit séjourner à plusieurs fois Voltaire,
Et Sedaine y avait aussi cette maison
Que, Place de la Croix, l'on aperçoit encore,
Et que Paul-Louis Courier occupa quelque temps ;
Et de Hugo, Saint-Prix s'honore :
Il y vint passer un printemps.

On possédait ici, datant du moyen âge,
Une fontaine dont la miraculeuse eau
Attirait chaque année un long pèlerinage
Qui, priant, gravissait les rampes du coteau.

La fontaine est toujours à cette même place,
Mais la vertu de l'eau bientôt disparaissait,
Alors que la dernière trace
De la foi d'antan s'effaçait.

L'église a conservé son clocher du douzième,
Et l'époque Louis-Treize a mis la main ici.
Au rétable de bois, du Louis-Quatorze même,
Plane un Père Éternel d'un aspect réussi.
Encore à remarquer ces fragments d'un rétable,
Bois sculpté, du seizième un attrayant dessin
Donnant l'histoire véritable
De l'Évêque martyr et saint.

Un médaillon de bronze, au mur d'une chapelle,
Reproduit les traits fins du pauvre vieux curé
Qui, pendant quarante ans, avant que Dieu l'appelle,
Resta de ce pays l'apôtre vénéré ;
Sa parole semblait vers le ciel exhalée,
Charitable, indulgent, pauvre et vivant de rien :
C'était le Saint de la Vallée,
Il mourut en faisant le bien.

Partout, en belle vue, encadrant le village,
De l'est à l'ouest, au centre, ou joignant la forêt,
Des habitations retirant en partage
De leur position, maint pittoresque attrait ;

La Tour et ses rochers, ses grottes, ses cascades,
La Ferme, la Terrasse, un Donjon ogival,
Vallons, alpestres promenades,
La Solitude..... Miraval.

## Pontoise.

### I

Pontoise est étagé sur les flancs d'un coteau
Élevé, regardant à ses pieds la rivière.
A son sommet, jadis, s'élevait un château
Dont les canons couvraient au loin la plaine entière ;
L'autre siècle a créé, sur cet emplacement,
La belle promenade aux verdoyants ombrages
Qui présente, en dehors de son propre agrément,
Un grand panorama des lointains paysages.
Deux églises sont là : l'une est sur le sommet,
C'est Saint-Maclou ; en bas, se trouve la deuxième,
L'église Notre-Dame, et chacune revêt
Le caractère exquis des quinzième et seizième.
A Saint-Maclou, l'on voit une Mise au Tombeau
Et quelques chapiteaux, merveille de sculpture.
A Notre-Dame aussi, d'un abbé le tombeau
Du douzième, un morceau de rare architecture.

Un enfant de Pontoise était de l'Empereur
Le beau-frère, et l'on voit près de la cathédrale
Le bronze de Leclerc, évoquant la grandeur
De ces jeunes héros de l'ère impériale.

II

Le onze Novembre, au matin,
C'est l'été de la Saint-Martin,
Et c'est la foire de Pontoise.

Certains pays sont renommés,
Pour leurs produits, ou pour leurs mets,
Or, le veau n'est bon qu'à Pontoise.

Voltaire, un mécréant dévot,
Avait la passion du veau ;
Il dînait souvent à Pontoise.

En déjeunant au Soleil d'or,
Du veau nous mangerons encor :
On n'est pas pour rien à Pontoise.

III

— Quand il craignait son parlement,
— Le roi, jadis, très poliment,

— L'envoyait coucher à Pontoise...
Tout déconfit, quand il rentrait,
Le peuple disait qu'il avait
— L'air de revenir de Pontoise.

IV

— C'est la veille d'une bataille...
L'Empereur passe dans le rang,
La droite au dos, l'œil fulgurant,
Quand, avisant un vétéran
A trois chevrons, de haute taille :
— « Je te connais, toi !... Ton pays ? »
— « Sire, moi, je suis de Pontoise,
« Département de Seine-et-Oise. »
— « Ah oui ! c'est toi, j'en suis bien oise. »
Il passe... Eux restent ébahis.

## Marines.

C'est une petite ville,
Mieux qu'un bourg,
On y reste nuit et jour
Bien tranquille.
Les vieux racontent parfois
Qu'elle est belle,

Mais aujourd'hui tout rappelle
L'Autrefois.
Au bon temps, la diligence
Passait là :
On ne voit plus de cela
Rien en France ;
On y trouvait les relais,
Le roulage,
Ces engins sont d'un autre âge
Et trop laids.
De nos jours, la bicyclette
Roule ici ;
Elle veut trouver aussi
Route nette.
Les ruisseaux sentent mauvais
A Marines,
Ils affectent mes narines :
Je m'en vais.

## Montmorency.

### I

Montmorency posté sur un haut promontoire,
Commandant la vallée au sud, à l'occident,

Et, dominant encor la plaine à l'orient,
De son site, aujourd'hui, tire sa seule gloire.
Ses lointains horizons et sa belle forêt
En ont fait un séjour de villégiature
Aussi doté du ciel que pimpant et coquet.
L'église du seizième est encore admirable
Malgré les ans, malgré les profanations
Et l'aveugle fureur des révolutions.
Là gisait, inhumé, le corps du Connétable,
Et son tombeau superbe, œuvre de Jean Bullant,
Fut détruit. De nos jours, par une main habile,
Le clocher relevé, la façade de style,
De cette église ont fait un ensemble brillant.

## II

Montmorency ! c'est de l'histoire,
Un beau nom tout pétri de gloire,
Par ce grand Connétable-ci,
Cet Anne de Montmorency.

De Jean-Jacques c'est l'Hermitage,
C'est la forêt, l'ancien village,
Les cerises, et puis aussi
Les ânes de Montmorency !

## L'Isle-Adam.

I

Petite ville coquette,
Bien alignée et proprette.
Joli site, aspect riant,
De tous côtés attrayant.
Belle forêt, la rivière,
Trois ponts dont un vieux de pierre,
Deux îles, un beau château,
Et sa terrasse sur l'eau
Au milieu de la verdure :
L'art aidant à la nature.
O L'Isle-Adam, L'Isle-Adam !
Paradis du père Adam !

II

Mais il faut faire la visite
De l'église, elle la mérite ;
Vous verrez une chaire aussi,
Un objet d'art très réussi,
Datant de la fin du seizième
Ainsi que l'église elle-même.
Voyez, avant d'être sorti,
Le tombeau des Bourbon-Conti.

En outre, je ne puis vous taire
Un très élégant presbytère,
Non plus la Mairie, à l'aspect
Tout à la fois simple et coquet.

## Parmain.

Au bout de L'Isle-Adam, traversant la rivière,
On se trouve à Parmain qui grimpe le coteau,
En plein soleil levant. C'est un pays de pierre :
On y est en bon air, et le site est fort beau.

## Valmondois.

Là, s'ouvre une vallée où se jette dans l'Oise
Un petit ruisseau large à peine d'une toise,
Mais dont l'eau peut pourtant, lorsque son lit est plein,
Faire marcher plus d'un moulin.
On arrive au village à travers des prairies
Verdoyantes toujours, restant encor fleuries
Malgré cette saison. Là, des vaches paissant,
Calmes, regardent le passant.
Dans l'église se voient des voûtes à nervure,
Évoquant le seizième en leur svelte structure,

Un château plein d'ombrage, un village riant,
Un paysage souriant.
Daumier mourut ici ; sur la petite place,
En un buste de marbre on retrouve sa trace,
Et Valmondois encor longtemps rappellera
Un grand ténor de l'Opéra.

## Nesles-La-Vallée.

Dans un site charmant, Nesles s'est étalée
Sur toute la largeur de l'étroite vallée
Que suit le Sauceron dans les herbages frais,
Au milieu de massifs verts et remplis d'attraits.

Là, les amants de la seule nature
Vont chaque année, en la belle saison,
Étudier les effets de verdure,
En rechercher les secrets, la raison.

Et leur peinture a tapissé la salle
Où ces amants prennent chaque repas ;
De ce musée un doux parfum s'exhale
De beurre et d'art qu'on ne définit pas.

Nesles possède, en outre, une église charmante
Du treizième, complète et très intéressante,
Trois nefs, *triforium*, un portail, un clocher,
Le tout bien à sa place : on n'y saurait toucher.

## Labbeville.

Après Nesles et au delà,
En remontant est Labbeville.
Un abbé d'humeur bien tranquille
Avait-il ici sa villa ?
Ce n'est qu'un très petit village ;
L'église en état délabré
Me paraît être sans curé,
Mais c'est un joli paysage.

## Soisy.

C'est dans l'église de Soisy
Qu'on voit une miséricorde
Montrant l'image de Calvin ;
Je ne sais comment elle y vint :
C'est peu poli, je te l'accorde,
O Calvin ! Tant pis, restes-y.

## Eaubonne.

Est-ce donc à l'eau du Corbon
Qu'elle devrait ce nom d'Eaubonne ?
J'avouerai que cela m'étonne
Car elle ne sent pas bon.

Certes, la villégiature
Fleurit ici depuis cent ans,
Mais elle prend, de notre temps,
Une bien piètre allure.

Les si beaux châteaux d'autrefois
Défigurés, vont disparaître ;
Chacun prend, de son nouveau maître,
L'aspect banal et bourgeois.

## Montlignon.

Au pied d'un haut coteau boisé
Et par le Corbon arrosé,
Le village borde la route.
Tout en offrant quelque agrément,
Il est humide constamment :
C'est là tout ce que j'en redoute.

## Margency.

De Montlignon à Margency
Il n'y a qu'un pas, m'y voici.
Au pied de la forêt aussi,
Comme tous ces villages-ci,
Il est tout petit, celui-ci ;
Tel qu'il est, il me plaît ainsi.
Il est en bon air, Dieu merci !
Pas très loin de Montmorency :
Et vous vivrez tranquille ici,
Si vous n'avez d'autre souci.

## Andilly.

A mi-côte, au midi, dans ce nid de verdure
Que lui fait la forêt, des frimas abrité,
Andilly, trop heureux, semble avoir hérité
De tous les dons de la nature.

Tout un panorama déroule sous ses yeux,
D'abord ses premiers plans, encadrant la vallée
Que vient fermer au loin la ligne dentelée
De ses horizons gracieux.

Au pied de la forêt, dominant le village,
Des habitations qui sont des nids coquets,
Fastueux quelquefois, essorant des bosquets,
Dans les fleurs et dans le feuillage.

## Domont.

Modeste bourg, planté presque au sommet
D'une montagne, au nord de la forêt.
De sa hauteur il domine la plaine ;
L'air y est pur, l'atmosphère sereine.

Dans son église, un chœur intéressant
Peut attirer l'antiquaire passant ;
Il y verra, jadis servant de dalles,
De vieux guerriers quelques pierres tombales.

## Bouffémont.

Que de terminaisons en *mont*
Existent dans cette campagne !
Béthemont, Domont, Bouffémont,
C'est la faute de la montagne.

Sans parler de Montmorency
Qui contient la même racine,
Ermont encore, et, j'imagine,
Montlignon et Monsoult aussi.

Ignorant son ancienneté,
Bouffémont, commune rurale,
An nord de la forêt s'étale,
Insouciante et sans fierté.

## Chauvry.

Un petit village propret
Sur un coteau, dans la verdure,
Rural, mais en belle posture,
Au versant nord de la forêt.

## Béthemont.

Au nord de la forêt, un tout petit village ;
Il domine la plaine ; à son extrémité
Est une vieille ferme ; à sa suite, à côté,
Quelques débris pompeux d'un château d'un autre âge.

## Baillet.

Village dans la plaine au pied de la colline
Exposée au soleil et que Monsoult domine.
Une bien pauvre église ancienne, cependant,
Orientée encor de l'est à l'occident,
Possédant dès longtemps sur ses parois murales,
De la famille D'O quelques pierres tombales ;
Un grand parc, un château souvent rafistolé
Rien moins qu'intéressant, à ce qu'il m'a semblé.

## Monsoult.

Monsoult, son nom tout seul indique une éminence,
*Mons Altus*, dominant la plaine et la forêt.
A l'église, en avant, mutilée, apparaît
Une croix dont le socle est de la Renaissance.

## Maffliers.

A côté de Monsoult, sur la même colline,
Dominant la campagne autant que sa voisine,

Il faudra visiter son église, pourtant,
Dont l'abside serait, dit-on, de Jean Bullant ;
On y voit le tombeau de l'époque Louis-Treize,
En marbre blanc et noir, d'un seigneur fort à l'aise,
Le Sire Jean Forget, baron de Maffliers :
Vous qui passez ici, pour son âme, priez !

## Saint-Leu.

C'est un très étendu, très important village
S'étalant dans la plaine au pied de la forêt.
Son cadre lui fournit un joli paysage ;
Mais, par lui-même, il manque absolument d'attrait.

L'église fut bâtie au cours du dix-neuvième,
Genre gréco-roman ; l'architecte Lacroix
Qui remit l'Élysée à neuf était lui-même
Propre frère de lait de Napoléon trois.

Au-dessous de l'église et sous sa froide dalle,
A jamais enfermés en de sombres caveaux,
Glorieux souvenirs de l'ère impériale,
On voit des Bonaparte, ici, quelques tombeaux.

De Charles, tout d'abord, celui qui fut le père
Du grand Napoléon ; puis à côté, de Louis,

Un Bonaparte aussi, celui qui, par son frère,
Fut fait roi de Hollande ; et puis, deux de ses fils.

Où l'on vit le château s'élève une colonne
Que surmonte une croix à la place qu'on donne
Comme étant celle même où *l'on a suicidé*,
Comme il fut dit alors, le dernier des Condé.

## Taverny.

Taverny me paraît une grosse commune
Qui, sans solution de continuité,
Reliée à Saint-Leu, semble ne faire qu'une
Avec cette dernière assise à son côté.
Là, se trouve un morceau de notre architecture
Du douzième au quinzième, où chaque siècle a mis
L'empreinte de son temps, comme la signature
Attestant la présence au bas d'un compromis.
Tout est à remarquer : la nef et sa croisée,
Les murs des bas-côtés, l'abside et le portail
De disposition aussi rare qu'osée,
Présentant du treizième un curieux travail.
Au maître-autel on voit un rétable de pierre
Qui, volontiers, pourrait être de Jean Bullant :
C'est de l'architecture, et c'est bien sa manière.

Oui, cette œuvre est de lui, c'est par trop ressemblant !
A l'orgue on a placé, de quelle provenance ?
Un ensemble sculpté de quatorze panneaux
De bois, en bas-relief qui, de la Renaissance,
Fourmillent de détails aussi rares que beaux.
Dire de Taverny que n'est point égalée
Sa situation, c'est trop exagéré.
L'église est néanmoins presque de la vallée,
De l'avis de chacun, le bijou préféré.

## Bessancourt.

La forêt de Montmorency
Au couchant, se termine ici.
Au bas, s'étale le village,
Dans un verdoyant paysage.
Son église, objet attrayant,
Est du quinzième flamboyant.
Au portail, en meneaux de pierre,
Paraît la fleur de lys entière.

## Frépillon.

Quoi, Frépillon ? Frétillon qui frétille,
Une chanson que rima Béranger ;
Mais Frépillon, quoi ? c'est une broutille,
Il ne faut pas, pour lui, vous déranger.

## Méry-sur-Oise.

A Méry, rien à voir, je l'ai pu constater
Souvent ; son église elle-même
Enfermée en un parc, et semblant du quinzième,
Je ne l'ai pas pu visiter.
A chaque pas ici, on trouve une carrière.
Le pays est très spécial :
Vergelé de Méry, banc ferré, banc royal,
Tout son sous-sol est de la pierre ;
Cette pierre s'envoie en gros blocs à Paris,
On l'y emploie, on l'y travaille,
Et ces beaux gisements de la pierre de taille
Sont encor loin d'être taris.

## Mériel.

Du village, parler ne serait pas le cas :
Par lui-même, il n'est rien. Plus loin, à quelques pas,
Est le château de Stors, au bord de la rivière,
Et dont l'ombrage épais couvre la route entière.
L'artiste et l'antiquaire auront un vrai régal
S'ils peuvent admirer de l'abbaye du Val,
Les ruines encor si belles, si vivantes,
Du treizième montrant les ressources savantes,
Surtout son réfectoire, d'un ravissant travail,
Sans compter l'intérêt de maint autre détail.

## Villiers-Adam.

Entre les deux forêts se regardant ici,
    De L'Isle-Adam et de Montmorency,
        Est ce pittoresque village
        Qui compte, dans son héritage,
    Sa vieille église exhibant fièrement,
Sur un tertre élevé, son ensemble charmant.

### Nerville.

Sur la lisière, au nord de la forêt
De L'Isle-Adam ; d'un charmant paysage
Sur le coteau, ce tout petit village
Bien isolé, tire tout son attrait.

### Moisselles.

Ce village bordant la route de Beauvais
Hérita d'un pavé si bossu, si mauvais,
Que pour mettre en état ce pavé de Moisselles,
Il faudrait cent paveurs avec leurs demoiselles.

### Presles.

Presles paraît un assez gros village :
A Bellevue on trouve à déjeuner ;
On pourrait même encore y séjourner
Avec un modeste équipage.

Deux grands châteaux, Bellevue et Courcelle,
La vieille église et ses maigres attraits,

Non loin de là, les deux belles forêts
De L'Isle-Adam et de Carnelle.

## Nointel.

Un château du grand siècle, un peu défiguré.
J'étais près de la grille, un très jeune curé
Complaisant, me fait voir une grande chapelle ;
C'est l'église du lieu, dans le style ogival
Du treizième, moderne et d'aspect point banal.
En face du château, la forêt de Carnelle.

## Mours.

Près de Beaumont se trouve Mours :
Ce ne sont pas là mes amours.
Non loin de l'Oise et dans la plaine
Un moulin, le ru qui l'entraîne,
Quelques maisons, un petit trou
Qui ne me plaît ni peu, ni prou.

## Beaumont-sur-Oise.

La ville est très petite ; elle est industrielle,
Montueuse, tortue, et n'est rien moins que belle ;
Pittoresque pourtant, en observant de près,
Surtout à ce perron de soixante degrés
Qui conduit au-devant du portail de l'église.
C'est, sans rien déguiser, parlant avec franchise,
Un type intéressant du treizième ogival,
Restauré trop souvent, et toujours assez mal.

Sur les anciens remparts est une promenade
En mauvais entretien, digne d'une bourgade.
La vue est étendue, et c'est là tout Beaumont.
Mais, il faut déjeuner aux Quatre Fils Aymond :
Là, vous serez servi par l'hôtesse bavarde,
Vive, pleine d'esprit, forte en gueule et gaillarde,
Qui par le trait mordant, riposte au mot risqué
Du commis-voyageur restant estomaqué.

## Persan.

Dans ce pays, du matin jusqu'au soir,
C'est le marteau, c'est la forge allumée,

C'est le charbon, c'est le feu, la fumée ;
Les murs, les toits, le sable, tout est noir.
Hors ces horreurs, ici rien n'est à voir,
Dans ce pays de travail, de fabrique,
Pas plus persan qu'il ne m'est sympathique.
Adieu donc, et pas au revoir !

## Champagne.

Pittoresque village, assis sur un coteau,
Regardant devant lui de l'Oise couler l'eau.
Son église est superbe et date du treizième ;
Trois nefs, un croisillon, à sa rencontre même
Un haut clocher carré qu'on aperçoit de loin.
Il faut examiner cette église avec soin :
La rosace au pignon, la porte principale,
Les absides aussi ; la porte latérale
Est de la Renaissance un reste mutilé
Que son porche en avant n'a jamais consolé.
La porte est géminée, et sur le trumeau même,
Une vierge de pierre est, dit-on, du quinzième.

## Jouy-le-Comte.

Entre Champagne et Parmain
Se trouve, sur le chemin,
Ce très modeste village.
L'église du moyen âge
Présente peu d'intérêt :
Je n'y fais qu'un court arrêt.

## Saint-Martin-du-Tertre.

Sur un sommet, son nom l'indique.
Près de là, château magnifique,
Quasi-royal ; il est, d'ailleurs,
Un chef-d'œuvre de Destailleurs ;
Construit au siècle dix-neuvième
Dans le style du dix-septième ;
C'est Franconville, et le grand roi
N'y eût été trop à l'étroit.
Là sont un théâtre, un manège,
D'immenses communs, mais j'abrège :
Il faut être duc de Massa
Pour se mettre aussi bien que ça !

## Viarmes, Royaumont.

C'est au milieu d'une vallée
Courant de l'ouest à l'orient,
Verdoyante et d'aspect riant,
Que Viarmes s'est étalée.

Un clocher carré du douzième,
Belles voûtes d'un bas-côté ;
Superbe mairie, à côté,
Qui fut château du dix-huitième.

Je ne parle que pour mémoire
De l'abbaye de Royaumont
Où les trop curieux seuls vont,
Comme moi, vous pouvez m'en croire.

Trop curieux n'est pas trop dire,
Car je m'y suis cassé le nez ;
Les ordres sont ainsi donnés :
C'est fermé... c'était à prédire.

## Seugy.

Il est dix heures du matin,
Le soleil est voilé dans la brume d'opale,
Il semble de la lune un reflet froid et pâle ;
Le ciel paraît bardé d'étain.

Le village est donc endormi,
Tout est silencieux... et clos depuis la veille ?
Dans ces pauvres maisons que tapisse une treille,
On entendrait une fourmi.

Où sont ces paysans ? Toujours
Dès l'aube ils sont aux champs : la terre les appelle.
Pour eux, pendant ce temps, veille dans la chapelle
Notre-Dame de Bon-Secours.

## Luzarches.

Petite, pittoresque et très ancienne ville,
Sur un haut mamelon qu'habitaient les rois francs ;
Sa halle, ses maisons gardent l'aspect tranquille
Du vieillard fatigué de la lutte des ans.

Saint-Damien, son église est de la Renaissance:
Son portail Henri deux est un modèle d'art.
Au dedans, un tribut de la reconnaissance,
Le portrait d'un doyen, par le peintre Blanchard.

Saint-Côme, un prieuré dont on voit la ruine,
Une porte d'entrée, et les remparts hautains
D'où, comme d'un nid d'aigle, un seul regard domine,
Si loin qu'il peut porter, les horizons lointains.

## Chaumontel.

La route d'Amiens côtoie
Ici la forêt de Coye ;
Tout auprès est Chaumontel,
Un village sans castel.
Une église campagnarde
Qu'avec plaisir je regarde.
Mais il faut faire un arrêt
Pour voir, bordant la forêt,
Ce n'est pas un sacrifice,
Le Chêne de la Justice.

## Ézanville.

Nullement pittoresque un modeste village,
Une petite église, abside moyen âge ;
Le château du Luat, belle propriété,
S'étalant là, tout à côté.

## Piscop.

Sur le coteau, vers l'orient,
Dans une attitude sereine,
Un petit village riant
Contemplant sous ses yeux la plaine.
Au-dessus de lui la forêt,
Avec un chemin de montagne ;
Et, pour compléter son portrait,
De belles maisons de campagne.

## Saint-Brice.

S'appelait autrefois Saint-Brice-sous-Forêt.
La route de Beauvais tranche en deux le village ;
Son clocher est le seul souvenir d'un autre âge,
Et l'église moderne est sans nul intérêt.

## Villiers-Le-Bel.

Villiers-Le-Bel, facile à dire,
Le Bel, pourquoi ce surnom-ci,
Car il n'est rien de bel ici ?
Mais, je ne voudrais pas médire.
Oh non, rassurez-vous ! quatre siècles durant,
La famille Le Bel posséda cette terre,
Mais éteinte aujourd'hui, car tout est éphémère,
Le nom seul est resté : voilà qui se comprend.
C'est un vieux et très gros village
Où l'air est salubre, dit-on ;
Pour cela, sans doute, y voit-on
Tant de pensionnats, je gage.
Oh ! ne vous pressez pas de lui crier haro !
On voit dans son église, assez intéressante,
Quelques anciens vitraux et voûte à clef pendante ;
Mais, coefficient pittoresque, zéro !

## Groslay.

Presque entièrement du seizième,
L'église a conservé des vitraux précieux
Dont l'arbre de Jessé. Quant à Groslay lui-même,
Gros et laid, rien de curieux.

## Deuil.

Deuil, un très important et très ancien village
Ne possède plus rien des restes d'un autre âge
Qu'une église romane : elle est à visiter.
Assez bien conservée, il faut surtout noter
Le déambulatoire autour du sanctuaire,
S'en trouvant séparé, sur un plan circulaire,
Par six arcs en plein cintre assis sur les sommiers
Des points d'appui, formant ensemble sept piliers ;
Chaque pilier, de deux colonnes géminées
De chapiteaux romans richement couronnées.
Résultat peu banal de cet arrangement :
La colonne occupant l'axe du monument.

## Montmagny.

Montmagny, *Mons Magnus*, c'est même désinence.
Ce tout petit pays, au bas d'une éminence
Qu'on nomme la Butte-Pinson,
Pourrait devoir son nom à cette circonstance.
Sur ce grave sujet, pour moi sans importance,
Qu'un savant fasse une leçon.

## Enghien-les-Bains.

Je t'ai vu naître, Enghien ; tu peux encore à peine
De ton autonomie être à la cinquantaine,
Que déjà, tu parais ne plus connaître ici
Celui dont tu descends, qui fut Montmorency ;
Tu l'as abandonné, là-haut, sur la colline.
De son renom passé dédaignant la ruine,
Tu préfères, en bas, ce moderne milieu
Où de l'honneur l'argent tient lieu.

Les dons si précieux que t'a faits la nature :
Ton beau lac et tes eaux, et ta verte parure
Ne pouvaient point suffire à ton ambition,
A ton amour de l'or ; et sa séduction
Fut telle qu'il fallut, affaire de commerce,
Faire suer ces dons, et ton instinct s'exerce
A les parer encor pour en doubler le prix,
Sans tenir compte du mépris.

Il te faut oublier, Enghien, de ton enfance
Les débuts gracieux, le charme et l'élégance ;
On draine l'or ici : voilà des casinos
Et leurs petits chevaux, des courses, les gogos,
Les rastas, les filous, la cohue imbécile

Des filles, des fêtards, écume de la ville
Qui déverse sur toi son trop-plein de dégoût,
Comme en un cloaque d'égout.

## Saint-Gratien.

La villégiature, ici, paraît aimable ;
Du vieux parc d'autrefois les hauts ombrages frais
Tracent un peu partout une allée agréable,
Paisible, solitaire et féconde en attraits.
Une princesse encor, de souche impériale,
Déjà, depuis longtemps, y possède un château.
Catinat y mourut en disgrâce royale,
Et dans l'église est son tombeau.

L'église, un gracieux et moderne édifice
Qui, sans contrainte aucune, en toute liberté,
A l'ogive, au roman, partout sans artifice,
Prit ce qu'il crut, pour lui, de quelque utilité ;
Le tout modernisé, pratique, confortable,
Élégant, point sévère et peu religieux.
C'est clair, on désirait en faire une œuvre aimable :
On ne pouvait pas faire mieux.

Tout est à l'unisson de ce blanc mausolée,
Plus avenant que triste, où du grand Catinat,
La figure au repos, mollement épaulée,
Voudrait faire oublier que ce fut un soldat.
Il n'est point jusqu'au bronze où stagne l'eau bénite
Qui n'ait très gentiment subi les mêmes lois :
Un chérubin bouffi, souriant, vous invite
A faire le signe de croix.

## Ermont.

C'est un petit pays qui, prétention vaine,
A pris le nom d'Ermont, bien qu'il soit dans la plaine.
Sitôt en arrivant, on trouve, sans chercher,
Une petite église avec un gros clocher,
Style néo-roman, construction récente,
Modeste, raisonnée, assez intéressante.

## Le Plessis-Bouchard.

Véritable oasis, au milieu de la plaine,
Qu'un riche bienfaiteur, il y a quarante ans,
Du nom de Gonzalès, dota d'une fontaine
Où Gaillardet, le maire, a mis les vers suivants :

« *De tous les dons du ciel, un des plus précieux*
« *Nous manquait; c'était l'eau; par sa munificence,*
« *Un homme répara pour nous l'oubli des cieux;*
« *Cette eau tarisse avant notre reconnaissance!* »

## Franconville.

Au nord, et tout au bas du coteau de Sannois,
Bordant des deux côtés la route de Pontoise,
Franconville paraît, sans qu'on lui cherche noise,
Avoir perdu sa vogue d'autrefois.
Son pavé raboteux bannit la bicyclette;
Le promeneur à pied, malgré tout son désir
D'avoir un bon chemin, ici devra choisir
Ou la grand'route, ou la haute grimpette.
De l'église du lieu, l'aspect est douloureux:
Démolie à moitié, de partout étayée,
Sa reconstruction me paraît renvoyée,
Faute d'argent, à des temps plus heureux.

## Sannois.

Sannois, assis aux pentes du coteau
Portant son nom, est un gros bourg point beau,

Très étendu, populeux et que croise
La grande route de Pontoise.
Il faudra voir son vieux moulin de bois
Planté là-haut, souvenir d'un autre âge,
Et son église assez longtemps rêvée,
Style roman, inachevée.

## Cormeil-en-Parisis.

A mi-côte au midi, et regardant la plaine,
Cormeil semble être un gai séjour.
Au delà, sous ses yeux se déroule la Seine.
Ici, Daguerre vit le jour ;
Dans un petit jardin, à côté de l'église,
Son buste en bronze est élevé,
Un bien mince tribut, il faut bien qu'on le dise,
Pour ce que Daguerre a trouvé.

## Saint-Ouen-L'Aumône.

Placé vis-à-vis de Pontoise
Qu'il joint avec un pont sur l'Oise,
Ce pays semble, en ce moment,
Car il pleut, manquer d'agrément.

L'église est là-haut isolée,
Et semble morne et désolée ;
Elle est ancienne, à ce qu'on dit,
Je n'y mets point de contredit,
Car, du vieux curé la servante,
Son maître absent, désobligeante,
Ne veut me laisser visiter :
Inutile de protester.
Devant ce refus que j'essuie,
Me trouvant dehors, à la pluie,
Je peux au moins du vieux portail
Voir le très précieux travail
Datant, c'est certain, du onzième;
Et lui seul me console même
De n'avoir pu complètement
Admirer le vieux monument.
Quel contraste, cette servante,
Sauvage, brute, inconsciente,
Avec cette aimable façon
De l'hôtesse de Maubuisson !
Quelle grâce à nous promener
Dans son parc, et à nous donner,
Sur les restes de l'Abbaye,
Mainte histoire jamais finie !
Intérêt d'art, antiquité,
Et courtoise hospitalité.

## Pierrelaye.

Ce village n'a rien pour plaire ;
L'église est sans nul caractère,
Le château n'est qu'une maison ;
Mais Paris lui donne à foison
Les eaux d'égout, c'est sa richesse
Ses trop beaux légumes, sans cesse,
Figurent à tous nos repas,
Car la source ne tarit pas.

## Anvers-sur-Oise.

En ce temps-là, c'était avant la bicyclette :
Que de peintres alors, éphémères colons,
Passaient ici leur temps, le pouce à la palette,
A trouver un tableau pour les prochains salons !
Combien ont reproduit ce vieux perron de pierre,
Si délabré, si beau, l'église, son clocher,
Ce tertre qui, jadis, était le cimetière,
Et les chaumes d'antan qu'il ne faut plus chercher !
Et ce petit chemin dominant la rivière,
Passant à Chaponval, pittoresque, ombragé,
S'appuyant au coteau d'où l'on tirait la pierre,

Et que l'alignement n'a jamais outragé.
Et de Saint-Nicolas la chapelle en ruine
Qui semble mise là pour le peintre, à dessein,
Où, dit-on, autrefois, de l'Oise la marine
Venait chaque dimanche à l'office divin.
Et cette église, enfin, ce chœur du quatorzième,
Cette nef, un bijou de la transition ;
Le portail, le clocher d'un superbe treizième,
Un pur modèle d'art et d'exécution.
Les peintres connaissaient du pays le mérite,
Car ils ont, bien longtemps, presque abusé d'Anvers ;
Daubigny, tout d'abord, tant d'autres à sa suite,
Et moi, profane, ici, je viens le mettre en vers.

## Herblay.

Suivant la route de Rouen,
Entre Franconville et Saint-Ouen,
On rencontre la Patte-d'Oie ;
Là, sur la gauche est une voie
Qui vous mènera, s'il vous plaît,
En dix minutes à Herblay.

Si vous ne voulez pas être trop difficile,
Herblay pourrait bien faire une petite ville :

Plusieurs places, des rues, des carrefours nombreux,
Le tout tortillonnant, imprévu, sinueux.
Tout au bas du pays, la rivière de Seine
Dont ici, comme ailleurs, l'eau n'est rien moins que saine ;
Là, son soi-disant port où je ne vois sur l'eau
A la berge amarré, qu'un unique bateau.

Tout près de là, dominant la rivière,
Une falaise avec un cimetière
A son sommet. Tel le chien du berger
Veillant toujours, afin de protéger
Tout le troupeau d'une atteinte profane,
Tel le clocher de l'église romane,
Vieux, mais debout, semble veiller aussi
Les trépassés qui reposent ici.

## Montigny-lès-Cormeil.

Les coteaux de Sannois s'arrêtent au couchant
A Montigny qui, là, s'accroche à leur versant.
Sans beaucoup d'intérêt il est en belle vue,
Car il a sous ses yeux une vaste étendue
De plaines jusqu'à l'Oise, et que, gratuitement,
Les eaux-vannes d'égout irriguent constamment ;

Ce sont là les progrès de notre agriculture.
Sauvez-vous, amateurs de villégiature,
Ne descendez pas là, les égouts de Paris
Déversent sur ces champs leurs cloaques pourris ;
Restez sur vos coteaux, et que les vents propices
Vous gardent de la fièvre et de ses maléfices !
Quels miasmes affreux, l'air en est empesté,
Et ce n'est que l'hiver : qu'est-ce donc en été ?

## La Frette.

Venant de Montigny pour aller à La Frette,
Que vous soyez à pied, ou même à bicyclette,
Sous deux beaux viaducs, il vous faudra passer,
Et de les admirer ne vous point trop lasser.
Chacun est différent de l'autre en sa structure,
Mais demeurent tous deux de très fière envergure.
Il faut descendre encore et l'on est arrivé.
Quoi ! c'est là ce pays par les peintres rêvé,
Qui s'allonge au midi de la Seine, à l'eau noire,
Polluée à Paris, et qu'on ne saurait boire ;
Souillée encor plus bas sur presque tout son cours ?
Il me semble manquer des plus maigres atours ;
On n'y peut rencontrer même le moindre ombrage.
Pittoresque pourtant, ce modeste village,

A sa façon, s'entend : là, tout au bord de l'eau
Sa pauvre vieille église ; ici, le long coteau
Dominant les maisons, où de mainte carrière
Le gypse extrait et cuit, roulé vers la rivière,
Est chargé sur bateaux. Cette animation
Passagère, d'un port donne l'illusion.

## Éragny.

Entre Saint-Ouen-l'Aumône et Conflans, on rencontre
Éragny, bien campé sur le flanc d'un coteau
D'où, de l'Oise, on perçoit au bas miroiter l'eau :
C'est ainsi qu'Éragny se montre.
Mais, ce nom, d'où vient-il, âpre, dur et hargneux ?
Il ne l'a jamais su lui-même, on peut l'en croire.
D'où vient donc Éragny qui n'eut jamais d'histoire,
Et n'en est pas plus malheureux ?

## Argenteuil.

Laissant pour un moment les choses de l'histoire,
Nous dirons d'Argenteuil que son vin trop vanté
Qui perd en vieillissant, et que jeune il faut boire,
Est le plus gros appoint de sa célébrité.

Entre Épinay-sur-Seine et Bezons en aval,
La ville d'Argenteuil vient étaler, sans gêne,
Ses rues et ses maisons d'aspect assez banal,
Au pied de hauts coteaux descendant à la Seine.

La vigne rougissante a, de ses pampres verts,
Tapissé ces coteaux si remplis de promesses,
Et le gypse tiré de leurs flancs entr'ouverts,
Moins trompeur, celui-ci, prodigue ses richesses.

L'église est de Ballu, dans un style roman,
Trop chargé, trop moderne. Une flèche de pierre
Se dressant vers le ciel en un pieux élan,
Sur le porche, en avant, apparaît haute et fière.

Au-dedans de l'église, en un bras du transept,
La châsse contenant, précieuse relique,
Digne éternellement du plus sacré respect,
La robe de Jésus, la très sainte Tunique.

Ce trésor, des croyants objet tant vénéré,
Charlemagne l'avait remis à Théodrade,
Sa propre fille, alors abbesse au prieuré
D'Argenteuil, le berceau de la pauvre bourgade.

Et, pour rappeler l'heure à laquelle ce don
Fut fait par Charlemagne à sa fille, l'abbesse,
Chaque jour, à même heure, on entend du bourdon
Tinter la sonnerie, en signe d'allégresse.

Quatre siècles après, l'épouse d'Abailard
S'étant réfugiée au même monastère,
En fut abbesse encor. Le nom d'un boulevard
D'Héloïse a gardé la mémoire si chère.

## Gennevilliers.

Gennevilliers est dans une presqu'île,
Entre Épinay, Saint-Denis et Clichy,
Le dépotoir des égouts de la ville,
Création d'un esprit réfléchi.
Dans ce pays que limite la Seine,
Tout un réseau de canaux purulents
Vient irriguer les sillons de la plaine
Des flots impurs de liquides puants :
Cela produit des légumes superbes,
Des choux géants, des navets monstrueux,
Des artichauts, des céleris en gerbes,
De gros choux-fleurs, des radis fabuleux.
Peut-on ainsi contraindre la nature

Impunément ? volume et quantité,
Est-ce là tout pour la bonne culture;
Faut-il compter pour rien la qualité ?
J'ose en douter, ces cultures hâtives,
Par tels moyens, sont l'empoisonnement.
Qui veut forcer ses facultés natives
Doit succomber, tel est mon sentiment.

## L'Ile-Saint-Denis.

En ce temps-là, cette île était charmante ;
De beaux massifs, retombant sur les eaux,
Venaient ombrer la rive verdoyante
Où s'amarraient quelques légers bateaux.
Souvent, un peintre ennemi du voyage,
Tranquillement assis dans un bateau,
Restant ému devant ce paysage,
Ici, venait ébaucher un tableau.
Là, le pêcheur confiant, immobile,
La ligne en main, suivait au fil de l'eau
De son bouchon l'allure trop tranquille,
Et ramenait parfois... un vieux chapeau.
Puis, le dimanche, on voyait la grisette
Et son amant, ivres de liberté ;
Sur le gazon ils faisaient la dînette,

L'assaisonnant de leur folle gaîté.
Ou, près de l'eau, noyés dans la verdure
D'une tonnelle, au prochain cabaret,
De frais goujons se payaient la friture
Qu'ils arrosaient d'un Suresnes clairet.

Ce temps n'est plus, la Seine empoisonnée
N'attire plus le paisible pêcheur.
L'île, aujourd'hui, paraît abandonnée,
Et la verdure a perdu sa fraîcheur.
Seul, du lundi l'observateur fidèle
S'y trouve encore, ivre-mort et fourbu,
Auprès du zinc où son vice l'appelle,
Cuvant à froid le poison qu'il a bu.
Et ce pays, jadis, plutôt aimable,
Est devenu banlieusard, faubourien,
Mal fréquenté, malpropre et misérable ;
De ce qu'il fut, il ne reste plus rien.

## Saint-Denis.

Saint-Denis vient s'étendre au milieu d'une plaine,
Et, sur sa rive droite, à côté de la Seine ;
Le Crond et le Rouillon, deux modestes ruisseaux,
L'arrosent, par surcroît, de leurs paisibles eaux,
Sans parler du canal joignant l'Ourcq à la Seine.

Encor, j'ajouterai, sans que cela m'entraîne :
Deux rues coupent la ville en quatre, tout d'abord
La grand'rue de Paris qui va du sud au nord,
L'autre, de l'ouest à l'est, rue de la République
Qui part de la Paroisse et joint la Basilique.
C'est de ce monument, surtout, qu'il faut parler ;
Gardons-le pour la fin, si cela peut aller.
Par le moins curieux, commençons au contraire,
Pour arriver ensuite à vous mieux satisfaire.
Je ne dis pas un mot des foires du Landit,
Ni de cette Abbaye que De Cotte bâtit,
La Légion d'honneur aujourd'hui. Je préfère
A l'histoire toujours, l'instantané sincère.
Je dirai cependant que, ville industrielle,
Saint-Denis me paraît n'être rien moins que belle ;
Tout est noir de fumée, et l'air est saturé
Du trop-plein des produits dont il s'est emparé.

Commençons donc ici : quel est ce monument,
Place aux Gueldres, tout près, servant en ce moment
De Justice de paix ? J'y vois une coupole ;
Le portique en avant n'est rien moins que frivole,
Plutôt grave, au contraire. Oui, c'était autrefois,
Avant qu'il ne devînt un asile des lois,
La Petite-Paroisse, et la chapelle même
D'un couvent du Carmel, datant du dix-huitième.

Henriette d'Angleterre eut ici son tombeau.
L'édifice restreint est d'aspect noble et beau.

Mais voici la Paroisse, une moderne église
De quarante ans à peine et qui, sans qu'on le dise,
Est de Viollet-Le-Duc, cela se reconnaît
Aux détails, aux profils que le maître donnait,
Sans jamais hésiter, de sa main ferme et sûre.
Quoi qu'on puisse penser de cette architecture,
On ne saurait nier sa personnalité,
Son horreur du poncif, de la banalité.
Tout imbu qu'il était des arts du moyen âge,
C'était pour son esprit un si léger bagage
Que, sachant de l'acquis toujours se défier,
Il les interprétait sans jamais copier.
Tout se tient bien ici, c'est une œuvre de maître
Personnelle toujours, on doit le reconnaître,
Pour quelques-uns, peut-être un peu plus qu'il ne faut,
Si, comme on le prétend, l'excès est un défaut.

Voyons donc, maintenant, si cet Hôtel de Ville
A rempli de son mieux sa tâche difficile :
Il paraît encombrant, haut jambé, mal assis ;
D'où lui vient donc cet air inquiet et indécis ?
Du manque trop complet d'unité dans la masse,
Et de solidité dans l'aspect de la face,

Du défaut absolu de pondération
Des vides et des pleins, comme opposition ;
Le bas trop ajouré, trop haut et sans puissance ;
Le haut paraissant bas, fatale conséquence.
D'où l'objet principal d'un pareil monument,
Le *piano nobile* manque complètement.
Cela semble indiquer bien peu d'expérience.
La composition, de pseudo-Renaissance,
Sèche et froide souvent, et très timide aussi,
Offrira quelquefois un détail réussi.
Concluant, je dirai qu'il n'est pas si facile
Qu'on le croit trop souvent, pour la main même habile,
De créer de tous points un ensemble parfait,
Quand de l'étude on est trop vite satisfait.
Il faut sur le métier remettre son ouvrage :
La main ne suffit pas où la tête s'engage ;
Il faut l'expérience, il faut ce sentiment
Qui s'affine avec l'âge et le raisonnement.

Enfin, nous arrivons devant la Basilique,
Monument précieux, incomparable, unique,
Où, six siècles durant, nos rois ont entassé
Tant de merveilles d'art, souvenirs du passé.
C'est à l'illustre Abbé, c'est à Suger lui-même
Qu'est dû tout ce qu'on voit remontant au douzième :
Ce beau triple portail couronné de créneaux,

Cette rose au milieu, ces tympans, ces arceaux.
Le chœur et le clocher sont aussi du douzième,
La nef et le transept datant seuls du treizième.
Dans cette basilique et sa crypte, autrefois,
Avaient été placés tous les tombeaux des rois.
La Révolution viola les sépultures,
Renversa les tombeaux, en brisa les sculptures ;
Sans respect de la mort, la haine survivant
Effondra les cercueils, jetant leur cendre au vent,
Et de leur plomb fondu fit fabriquer des balles.
Non satisfaits encor, les sinistres vandales
Des bronzes précieux fondirent des canons ;
De ces bandits l'histoire a conservé les noms.
Mais il fallut pourtant relever ces ruines,
Ces ossements épars projetés aux sentines,
Réparer des tombeaux les débris précieux,
Les rétablir enfin dans l'asile pieux.
Cela fut fait au mieux : des monuments splendides
Sont réédifiés. De sarcophages vides,
De colonnes, de croix, un ensemble incomplet
Offre pourtant encore un puissant intérêt.
Auprès du sanctuaire où l'on vous accompagne,
Le tombeau de Louis douze et d'Anne de Bretagne,
C'est le premier de trois monuments somptueux ;
A sa suite, à côté, le tombeau d'Henri deux
Et de sa femme aussi, la grande Catherine ;

Puis enfin, le plus beau, peut-être, j'imagine,
Le troisième tombeau placé là le dernier
Est de Claude de France et de François premier.
De ces trois monuments, les maîtres de l'époque
Ont fait des œuvres d'art, où maint détail évoque
Les noms des Philibert, des Ponce et des Pilon,
Ces artistes divins, disciples d'Apollon.
Ici, de Dagobert, le tombeau, du treizième ;
Celui de Clovis deux ; dans le bas-côté même,
De précieux vitraux qui datent de Suger,
Et bien d'autres tombeaux, des urnes, des statues,
Des figures de rois sur la dalle étendues.
Dans le trésor, enfin, tributaire des arts,
Mille objets précieux et souvenirs épars.

Voilà donc ce que dut enregistrer l'Histoire,
A côté d'un passé tout d'honneur et de gloire :
Un Temps qui, reniant le Dieu de charité,
Inscrivit dans le sang le mot de liberté ;
Un Temps qui, non repu d'horribles hécatombes,
Comme une hyène hurlant, fouillant au fond des tombes,
Arrachait au cercueil les morts ensevelis,
Jetant à tous les vents leurs ossements blanchis.
A quelle heure, en quel lieu, sous quelle latitude
Vit-on jamais tel crime et telle turpitude ?
Non, ce n'est que chez nous qu'on voit pareils forfaits !

Vous n'êtes pas au bout, allez, pauvres Français,
Orgueilleux et sans foi, qui vivez de vos tares,
Inconscients. Voilez vos faces de barbares
Sous le masque menteur des mots : Humanité,
Civilisation, Justice et Liberté.

## Saint-Cloud.

Les soldats allemands, au moment de la guerre,
Avaient incendié la ville et le Château ;
La ville est aujourd'hui ce qu'elle était naguère,
Rebâtie aussi mal, sur le même coteau.
L'Allemagne voulut respecter les casernes,
Les communs du château dont elle avait besoin
Pour loger galamment tous ses guerriers modernes.
L'église aussi, par eux, conservée avec soin,
Haute et immaculée au milieu des ruines,
Semblait un blanc fantôme, assistant éperdu
A l'effet foudroyant des colères divines,
Sur un peuple inconstant que l'orgueil a perdu.
Quant au château qui fut une page d'histoire,
Il n'apprendra plus rien aux siècles à venir ;
Il eut ses jours de deuil, de plaisir et de gloire :
Il n'en restera plus qu'un lointain souvenir.

C'est là que vint mourir Henriette d'Angleterre,
Épouse de Monsieur qui fut Duc d'Orléans.
Aux fêtes qu'il donnait, parfois le Roi, son frère,
Assistait, honorant les salons de céans.
Par un nouvel hymen, d'Orléans, j'imagine,
Voulait un héritier pour sa maison aussi;
Sa femme alors était Princesse Palatine,
Qui, mère du Régent, mourut encore ici.
C'est là que Bonaparte, au dix-huit de Brumaire,
Avec ses grenadiers, balaye les Cinq-Cents.
C'est de là qu'un Bourbon, trop tard autoritaire,
Lance au pays déçu ses ultimes accents.
C'est de là qu'en un jour de funeste mémoire,
Part un Napoléon qui, d'un suprême élan,
Comptant avant Berlin rencontrer la Victoire,
Perd son armée entière aux portes de Sedan.

Si le château n'est plus, le parc au moins conserve
Encore ses futaies, ses charmilles, ses eaux,
Sa terrasse en avant, ses sous-bois sans réserve,
Ses lointains horizons, ses ravins, ses coteaux.
Vous y rencontrerez, au cours des promenades,
Quelquefois la nature associée à l'art,
Ainsi qu'il apparaît aux superbes cascades,
Ouvrage de Lepautre, Antoine et de Mansard...
Spectacle reposant du vain fracas des armes

Qui, parlant à l'esprit de deux siècles éteints,
Vient pour quelques moments dissiper nos alarmes,
Et nous faire oublier de trop cruels destins.

## Levallois-Perret.

On dit qu'un épicier du nom de Levallois
Ignorant, à coup sûr, la race de ses rois,
Il y a soixante ans, acquit dans cette plaine
Un immense terrain s'étendant vers la Seine.
Il y traça des rues, des places, des îlots,
Les divisant ensuite, il les vendit par lots.
On y fit des jardins, quelques-uns y bâtirent
De petites maisons, et puis d'autres suivirent ;
Et le prix du terrain augmentant chaque jour,
La spéculation s'y vint mettre à son tour.
Levallois triomphait, et, sans souffrance aucune,
Accouchait tôt après d'une grosse commune.
Elle s'accrut encore ; on y fit des maisons
Hautes comme à Paris, on avait ses raisons ;
La population augmentant chaque année,
A paraître une ville elle était condamnée.
Elle est ville aujourd'hui, et, se mettant en frais,
Elle devait chercher à grandir ses attraits.
Sur un square étendu, verdoyant et tranquille,
Elle s'est fait construire un bel Hôtel de Ville,

Digne d'un contingent de cent mille habitants,
D'un style bien conçu, noble et des meilleurs temps.
A le bien contempler partout, je me délecte,
Félicitations à l'habile architecte !
Oh, Levallois-Perret ! crains les amers destins,
Les caprices du sort, car, un de ces matins,
Paris, mis en humeur de nouvelle conquête,
Pourrait bien, te jetant le mouchoir à la tête,
T'enfermer au harem où tant d'autres que toi
Ont déjà dû subir sa trop aimable loi.

## Le Bourget.

Le Bourget, à coup sûr, n'est pas intéressant ;
Sur la route de Lille, un pays de culture,
La Nonette, un ruisseau, quelque manufacture ;
Un coup d'œil suffira pour le voir en passant.
Mais pourtant, ce nom-là vibrait pendant la guerre ;
Ici, quelques marins et de jeunes soldats
Livraient à l'ennemi deux terribles combats,
Où de flots généreux leur sang rougit la terre.
A ces héros on a dressé deux monuments,
Et leurs noms glorieux sont gravés dans la pierre ;
Puis, une pyramide est dans le cimetière
Où reposent en tas les soldats allemands.

## Drancy.

C'est à l'est du Bourget, à petite distance,
A peu près de même importance,
Qu'on trouve ce pays qui s'appelle Drancy,
Et souffrit de la guerre aussi.
Les soldats allemands jetèrent bas l'église,
Acte de brute, une sottise ;
Ce n'était pas, sans doute, et fort heureusement,
Un intéressant monument.
Une famille, ici, rebâtit cette église ;
Son nom, faut-il que je le dise ?
L'intérieur, aussi, par elle est décoré
De fresques peintes a son gré,
Dans un style approchant de celui du douzième.
Au fond de l'église elle-même,
Couronné par un groupe en marbre vraiment beau,
De la famille est le tombeau.

## Dugny.

Assez pittoresque village
Sur le Croud, avec quelque ombrage,
Culture maraîchère aussi,

Comme en tous ces environs-ci.
L'église est près de la rivière ;
Cet asile de la prière
Garde un souvenir vénéré,
Le tombeau d'un ancien curé.

## Bobigny.

— « Bobigny, village champêtre,
« Tu n'es ni très beau, ni trop laid,
« Chez toi, je vois les vaches paître,
« Dont à Paris je bois le lait.
« Une bergère ici, peut-être,
« Manque à ce tableau qui me plaît. »

— « J'fons d'la culture maraîchère,
« Des choux, des pois, des céleris,
« La gross' légume potagère
« Qu'a s'vend à la Halle un bon prix.
« Pour ça, j'ons pas besoin d'bargère,
« A s'plairait ben mieux à Paris. »

## Épinay-sur-Seine.

Épinay, par ma foi, n'offre rien qui m'entraîne,
Quoique près de Paris ; son aspect me déplaît,
Il semble être un faubourg ; cet égout qu'est la Seine
Est toujours aussi sale, et le pays est laid.
Pourtant en plein midi, dominant la rivière,
Sont deux propriétés en terrasse sur l'eau ;
L'une paraît avoir la tournure princière
De communs importants, de parc et de château.
C'est là que résida jusqu'à l'heure dernière
Le roi François d'Assise, et cet hôte royal,
Loin du monde, isolé, vivant dans la prière,
Ne revit son pays que pour l'Escurial.
Un hôte plus illustre habita ce village,
Le bon roi Dagobert eut ici son château ;
Peut-être saint Éloi, là, dans le voisinage,
Avait-il apporté sa forge et son marteau.

## La Courneuve.

Insignifiant pays,
Dans la plaine Saint-Denis.
Sa richesse est dans la terre,

La culture est maraîchère ;
Saint Lucien de Grichou
Est le patron de ce trou.

## Villetaneuse.

Moderne église, modeste ;
Là, jadis, fut un château
Dont, à ce jour, il ne reste
Que les fossés remplis d'eau.

## Aubervilliers-Les-Vertus.

Dès les temps reculés, au cours du moyen âge,
La Vierge des Vertus attirait les croyants,
Et même de nos jours encore, tous les ans,
C'est au vingt-sept de mai qu'est le pèlerinage.
Les malades, les sourds, les boiteux, les perclus
Ont trouvé, des témoins en donnent l'assurance,
Miraculeusement, la fin de leur souffrance,
A Notre-Dame des Vertus.

Louis treize, ici, venait prier de temps en temps
Notre-Dame, mettant sa confiance en Elle ;

Au bout de treize mois, assiégeant La Rochelle,
Il parvenait à vaincre enfin les Protestants ;
Et, de la Vierge alors, pour exalter les gloires,
Ici même il fit vœu, nul n'en parut surpris,
D'élever une église au milieu de Paris
A Notre-Dame des Victoires.

L'église des Vertus est de la Renaissance,
Assez intéressante, et date d'Henri deux.
Partout se voient aux murs des ex-voto nombreux,
Témoignages probants de la reconnaissance.
Et puis, combien encor de souvenirs pieux !
Là, du bienheureux Jean-Baptiste Delasalle,
A côté, de Bérulle et d'Olier, sur la dalle,
Sont gravés les noms précieux.

C'est il y a deux ans, je crois, que le clocher
Était incendié par la main sacrilège
De ces libres-penseurs qu'aujourd'hui l'on protège ;
Aussi ne voulut-on pas même les chercher.
Depuis lors, le clocher reste avec sa blessure,
Attendant, étayé, qu'on ait pitié de lui,
Qu'on lui rende un beffroi, sa cloche et son appui,
Et sa primitive figure.

— « Mais, par le temps qui court, la chose est difficile,

« Car il faudrait des fonds, placement onéreux ;
« Aubervilliers peut bien, sans cela, vivre heureux.
« Tout bien considéré, c'est dépense inutile.
« Notre salle de fête a coûté de l'argent,
« Elle était nécessaire, il faut bien qu'on le dise,
« Il n'en est pas ainsi du clocher de l'église...
« Non, vous êtes trop exigeant ! »

On ne peut échapper à l'effet des milieux :
Aubervilliers subit les courants de la Ville.
De cet état d'esprit, il serait difficile
De rien tirer de bon ; son passé me va mieux,
Revenons-y : c'est là qu'Henri quatre eut, sans cesse,
Son quartier général, en assiégeant Paris.
Il abjurait alors, disant : — « Ventre saint gris !
« Oui, Paris vaut bien une messe ! »

## Pantin.

Pantin, ce nom est vraiment trop burlesque
Pour une ville : aurait-on pu trouver
Jamais un nom plus bouffon, plus grotesque ?
Oh ! laissez-moi ! ce nom me fait rêver...
On est pantin au moral, au physique,
Par le cerveau, par le tempérament.

Esprit léger, inconstant, illogique,
Point réfléchi, changeant à tout moment.
On est pantin quand, ayant passé l'âge,
On danse, on saute encor, malgré les ans,
Sans entrevoir le terme du voyage.
Je les connais, ces pantins, dès longtemps.

Il parle d'or, la bouche enfarinée,
Un orateur, et presque un cabotin ;
A l'applaudir, la salle est condamnée :
C'est un pantin.
Tu vas, tu viens, pauvre demi-cervelle,
Inconscient, tu poursuis ton destin :
Un plus malin tient pour toi la ficelle,
Pauvre pantin !
Il crie, au soir : vive la République !
Il acclamait l'Empereur, le matin.
C'est le moins gai ; le pantin politique :
Triste pantin !
Il saute, il gire, on dirait qu'il s'envole,
Tête d'oiseau, caractère incertain,
Rire béat et nature frivole :
Un vrai pantin.

— « Oui, nous sommes d'accord, mais il faut qu'on m'explique
« Quand et pourquoi Pantin aura pris ce nom-là,

« A mon avis, plus sot encore que comique,
« Et rien moins que plaisant? » — « C'est bien simple, voilà,
« Ce nom était le sien d'après les antiquaires,
« Sans avoir d'autre sens, ni rien signifier,
« Avant de désigner, dans les dictionnaires,
« Quelque chose ou quelqu'un pour le qualifier.
« A ce moment, ce nom n'avait rien de grotesque
« Comme nom de pays, mais la langue, un matin,
« S'en emparait, et pour sa saveur pittoresque,
« L'appliquait au jouet qu'on appelle un pantin. »
— « Et pourquoi, s'il vous plaît, était-il donc utile,
« Motivé, tout au moins, de donner sciemment
« Le nom de ce pays à chose si futile?
« Quelle raison donner d'un tel agissement? »
— « Écoutez bien ceci, vous allez me comprendre :
« Quand le jour arrivait des fêtes du pays,
« Comme partout ailleurs, je ne puis vous l'apprendre,
« La danse était surtout l'un des jeux favoris;
« Les garçons de Pantin, c'était leur étiquette,
« Les jambes et les bras toujours en mouvement,
« Dépassaient en gaîté ceux-là de La Villette
« Et de bien d'autres lieux, dans cet amusement.
« Tous les gars d'alentour admiraient leur adresse,
« De leurs déhanchements variés l'imprévu,
« Et leur agilité, leur vigueur, leur souplesse :
« De là tira son nom le jouet si connu.

« Puis, par extension, l'on arriva bien vite
« A décerner ce nom à tout être moral
« Dont l'esprit sautillant, versatile, sans suite,
« Demeure incohérent, inconscient, banal. »

Après cet aperçu plus ou moins inutile,
Jetons, quelques instants, un coup d'œil sur la ville.
Sise au canal de l'Ourcq, sur la route de Metz,
Au sortir de Paris, et sans doute trop près
Pour avoir une allure et une vie à elle,
Étant par-dessus tout la ville industrielle.
Dans son ambition, elle a voulu tracer
Un grand quartier nouveau qu'elle est loin d'embrasser ;
Presque rien n'est bâti, cela viendra peut-être ;
En attendant pourtant, on ne peut méconnaître
Que son Hôtel de Ville e t un beau monument
De style Renaissance, et digne assurément
D'un chef-lieu de département.
L'intérieur paraît d'assez noble ordonnance,
Et sur le fond des murs, très heureux parti-pris
De décoration, la campagne de France,
En mil huit cent quatorze, aux portes de Paris.
On revoit là vivants les types de l'époque,
Les costumes, les lieux et des portraits aussi,
Avec les souvenirs de gloire qu'elle évoque :
Sujet très émouvant, bien à sa place ici.

Pantin n'est qu'un faubourg de la Ville-Lumière
Qui se l'appropriera, vous en serez témoin,
Car elle n'admettra bientôt plus de frontière.
Qu'importe ! il en sera toujours dans tous les coins
Un pantin de plus ou de moins !

## Villemonble.

Petite villégiature
Près du Raincy, suffisante verdure.
De ci, de là, quelques jolis chalets
Au milieu de leurs jardinets.
Tout là-haut au midi, domine un coin de terre
Qui rappelle un sanglant souvenir de la guerre,
C'est le plateau d'Avron. Devant les Allemands
Nous étions là campés, guettant à tous moments.
Eux aussi nous voyaient. Alors nos batteries
Tout au loin foudroyaient les forces ennemies,
Afin de protéger le mouvement tournant
De Ducrot sur la Marne, à nos pieds, en avant.
Décembre sévissait : sous un feu formidable,
Notre position devenait intenable
Vingt-quatre heures de plus, car tout était détruit ;
Nous dûmes la quitter le trente dans la nuit.

## Romainville.

Romainville, aujourd'hui, n'est qu'un pauvre village,
Car il perdit beaucoup en perdant son château,
Sa verdure et son bois. Il jouit sans partage
D'une vue étendue au sommet du plateau.
Tout au bout d'une rue, à côté de l'église,
On a devant les yeux la plaine Saint-Denis,
On domine Pantin. Parlant avec franchise,
C'est là le seul attrait de ce petit pays.

Paul de Kock a chanté le bois de Romainville,
Ce bois si célébré n'existe plus, hélas !
Le commis, la grisette alors quittaient la ville
Pour venir, au printemps, y cueillir les lilas.
Là, le petit rentier d'humeur douce et paisible
S'en venait rechercher ce qu'on n'y trouve plus,
Une tranquillité d'un charme irrésistible.
Les souvenirs d'antan sont regrets superflus !

## Bagnolet.

Bagnoles, Bagnolet, italien *Bagno*,
Et son diminutif qui fait *Bagnoletto*,
Tous ces noms de pays ont la même racine,
Ils indiquent des eaux : Bagnolet, j'imagine,
Pourrait tirer son nom, de ce même côté,
De la mare qu'on voit à son extrémité.
Le village est en long, maussade et monotone,
Surtout par les temps gris de la saison d'automne.
Il est dans un vallon dont les coteaux gypseux
Semblent s'être écartés pour qu'il s'assît entre eux.
Aussitôt arrivé, l'on aperçoit à droite,
Presque à l'extrémité d'une ruelle étroite,
Les restes de l'ancien château de Malassis
Au Régent, et qui fut démoli par son fils ;
Ce qui subsiste encore est partie intégrante
D'une usine qui n'est en rien intéressante.
A voir, dans la Mairie, un décor de peinture
Qui fut mis au concours, et fait bonne figure.
Rien autre ici ne peut fournir quelque intérêt
Sinon, dans Béranger, de relire un couplet
De l'*Aveugle de Bagnolet*.

## Les Lilas.

Les Lilas sont sortis du bois de Romainville
Ainsi qu'Ève sortit d'une côte d'Adam.
La nouvelle Commune est proche de la Ville,
Elle est d'un aspect neuf, rien moins que redondant;
Sa Mairie a pourtant un air d'Hôtel de Ville,
D'un aspect Renaissance, quelque peu dur et froid.
L'auteur du monument fut loin d'être inhabile.
Il sut ce qu'il voulait : cela se sent, se voit.
De Paul de Kock, ici, l'on retrouve une trace,
Non pas en la maison qu'il habitait; oh, non !
Elle n'existe plus ; un chalet, à la place,
S'est bâti, sur lequel on a gravé son nom.

## Les Prés-Saint-Gervais.

Comme attrait, ce pays n'atteint pas la moyenne :
Tournure surtout faubourienne.
D'être beau, l'on ressent qu'il n'eut jamais souci ;
Rien, je crois, n'est à voir ici.
Il existe pourtant, dans la rue Plâtrière,
Une maison particulière
Que visita, dit-on, fréquemment autrefois,

L'un des plus aimés de nos rois.
Il paraît qu'en ce temps, la belle Gabrielle
Habitait là ; souvent pour elle,
Le Vert-Galant venait jusqu'aux Prés-Saint-Gervais,
Qu'il fît beau temps, qu'il fît mauvais.
Il n'est rien de plaisant, de si doux qui ne passe :
Devenu rendez-vous de chasse,
Le bâtiment subit des aménagements
Nouveaux, des embellissements.
On y peut voir, datant de fin du dix-septième,
Quelques rares peintures même :
Tout d'abord, deux trumeaux de cheminée, et puis
Deux très beaux plafonds de Dupuis.

## Neuilly-sur-Seine.

A Neuilly, sur la Seine, au cours du dix-huitième,
Peyronnet, architecte et ingénieur même,
A construit le premier un pont horizontal ;
A ce moment, ce pont n'avait pas de rival.
Le nom de Peyronnet, Neuilly le perpétue
Par le bronze de sa statue.

Du Domaine du roi Louis-Philippe, à Neuilly,
Dépecé, morcelé, le château démoli,

On a fait un quartier de verdure où les rues,
Les larges boulevards, les longues avenues,
Sont meublés de villas, de chalets luxueux,
Au milieu de cadres ombreux.

Et, depuis cinquante ans, tout paré qu'il existe
Le beau parc a gardé son aspect noble et triste,
Comme s'il eût été blessé dans sa fierté
De subir un affront qu'il n'a pas mérité.
De ses hôtes d'antan il pleure la jeunesse
Et l'affectueuse caresse.

L'un d'eux, le plus aimé, par un funeste sort,
A quelques pas d'ici, s'en vint trouver la mort.
Le deuil fut grand partout ; le Roi, dans sa souffrance,
Déplorait son malheur et celui de la France !
A la place où survint ce triste événement,
On construisit un monument.

Sans caractère aucun, froide et basse chapelle,
Genre pseudo-roman, ni pieuse, ni belle.
Là, sur son lit de mort, le prince est étendu ;
Marbre de Triquetti, d'un superbe rendu.
La princesse Marie a sculpté dans la pierre,
Auprès du mort, l'ange en prière.

Près du parc, et datant de quinze ans seulement,
Est un Hôtel de Ville, un rare monument,
Rempli d'art délicat, façade magnifique.
La composition, synthèse d'esthétique,
Fait le plus grand honneur à l'artiste complet
Qu'est l'architecte Simonet.

Pour attirer encor de ce côté la foule,
Neuilly s'est fait bâtir, près du parc et du Roule,
Une très grande église, en un style roman,
Avec un haut clocher formant porche en avant ;
Sous ce porche, chacun peut, à toute aventure,
A couvert, joindre sa voiture.

C'est l'église Saint-Pierre, édifice nouveau,
Assez religieux, bien compris et fort beau.
Auprès, du même style, un joli presbytère,
Des écoles, enfin. Sans être trop sévère,
Cet ensemble, au quartier longtemps déshérité,
Donne un air de prospérité.

Nulle part on ne vit avenue aussi belle
Que celle de Neuilly. Il faut voir Bagatelle,
Et Saint-James aussi, le boulevard Maillot
Et ses charmants hôtels dont je ne dis pas mot ;

Puis enfin, et depuis plus d'un siècle elle existe,
L'église de Saint-Jean-Baptiste.

Neuilly n'est pas à plaindre, il possède à la fois
Bien des attractions : et la Seine, et le Bois,
Et l'île de la Jatte, île des duellistes,
Restaurant fréquenté, rendez-vous des cyclistes,
Puis la fête annuelle et qui n'a pas vieilli,
La grande fête de Neuilly.

## Boulogne-sur-Seine.

Sur rive droite de la Seine,
Boulogne se trouve à fois
Vis-à-vis de Saint-Cloud, à la porte du Bois,
Tout proche de Paris, au milieu de la plaine.
Boulogne n'est pas seulement
Une ville de blanchisseuses,
Comme on le dit ; pourtant, elles restent nombreuses,
Mais c'est à Billancourt surtout, assurément.
Combien de belles promenades
Dans le bois ! Mainte attraction,
Les rivières, les lacs, l'Acclimatation,
Les tapis verts ombreux, les rochers, les cascades...
Mais la foule, sans contredit,

Trouve son attrait dans les courses
D'Auteuil et de Longchamp, où suintent les sources
D'un Pactole inconstant, fangeux, changeant de lit.
Et chaque jour, une cohue
Qui n'a d'autre profession,
Vient aiguiser ici sa seule passion,
L'âpre fièvre du jeu, l'amour de l'or qui tue.

L'église date ici des quatorze et quinzième ;
Elle n'a qu'une nef, sa largeur est la même
Que celle du transept. Grande diversité
De détail ; et d'ensemble, impeccable unité.
Au point central se dresse une flèche en charpente
Très gracieuse. En somme, église intéressante,
Que restaura si bien, il y a quarante ans,
L'architecte Millet, un artiste du temps.

Qu'on me dise quelle besogne
A bien pu produire à Boulogne
L'illustre potier Palissy,
Pour qu'on trouve son bronze ici ?
Le pauvre ! aurait-il eu la chance
De fabriquer quelque faïence
Pour ce beau château de *Madril?*
Je le veux bien, ainsi soit-il !
Merveille de la Renaissance,

Nous ne connaissons ce château
Que par l'œuvre de Jacque Androuet du Cerceau,
Dans ses *Plus excellents Bastiments de la France.*

## Clichy-la-Garenne.

Sous Louis treize, monsieur Vincent
Avait été curé de Clichy-la-Garenne.
C'était un cœur doué de bonté surhumaine,
Charitable et compatissant.
Il soulageait toute souffrance,
Était l'ami du pauvre et du déshérité,
Consolait le malheur, couvrait la nudité,
Et donnait ses soins à l'enfance.
Il recueillait l'enfant trouvé,
L'orphelin, l'élevait; et par son assistance,
A l'infirme, au vieillard, il rendait l'espérance
Dont la douleur l'avait privé.
Ce simple curé de bourgade
Fut saint Vincent de Paul, et son humanité
Si féconde créait la sœur de Charité,
Cet ange au chevet du malade.

Son pauvre temple est toujours là,
Sans faste, comme lui. L'on y revoit sa chaire,

Et puis, dans le jardin de l'ancien presbytère,
L'arbre que lui-même planta.
L'église était insuffisante
Depuis l'accroissement de population,
On procède aujourd'hui à la construction
D'une autre bien plus importante.
Mais, en mémoire du curé
Dont l'amour du prochain fut la seule devise,
On doit, dit-on, garder intacte son église
Comme un souvenir vénéré.

## Asnières.

Tout doit du temps subir les lois ;
Tout vieillit, passe, se déforme,
Se modifie et se transforme.
Asnières détint autrefois
Le grand record du canotage,
De la voile et des avirons.
Je voyais là quatre lurons,
Dont le maître de l'équipage,
Un vrai loup de mer, celui-ci,
Cultivant la faridondaine,
Frisant déjà la quarantaine,
Sans paraître en prendre souci.

D'un béret la tête couverte,
Un type osseux, tanné, râblu,
Laissant voir un poitrail poilu
Sous une flanelle entr'ouverte.
Les camarades du canot,
Bien plus jeunes que l'autre, certes,
Mais aussi musclés, vifs, alertes ;
Tous ici payant leur écot.
L'ancien, toujours un joyeux drille,
Avait fait venir Amanda.
Car pour elle on intercéda :
Elle est une si bonne fille !
Brune, avec l'œil noir velouté,
Au teint de grenade et de cire,
Sur la lèvre un joyeux sourire,
A la joue un grain de beauté.
Asnières paraissait en fête :
Au Rendez-vous des Canotiers,
On déjeunait comme rentiers,
A trois francs cinquante par tête.
Après la pipe et le café,
On courait détacher l'amarre,
Sautant au canot qui démarre
Par un coup d'aviron lancé.
Le temps est beau, le soleil darde,
On est en maillot, les bras nus,

Et la prêtresse de Vénus,
Amanda, chantonne et bavarde.
A la barre, le torse nu,
Son brûle-gueule dans la bouche,
L'ancien, silencieux, farouche,
Scrute l'horizon inconnu.
A l'arrière, la demoiselle
Dégrafe d'un geste mutin
Son pimpant corset de satin,
Sous l'incarnat de son ombrelle.
Vive, elle renvoie en riant
Les mots risqués de l'équipage,
Et le très galant badinage
Devient tôt roide et croustillant.
Pourtant les avirons font rage,
Sous l'œil pressant du timonier
Qui ne fut jamais le dernier
A la voile, comme à la nage.
Mais, le vent s'élève, et le flot
Nous fait tanguer : faut de la toile !
Va, hisse là ! Largue ta voile !
« *Oh ! Hisse en haut, gai matelot !* »
Le canot glisse comme un cygne ;
Sur le flot semblant courroucé.
On se sent doucement bercé
D'une béatitude insigne.

Aux Ravageurs, à Robinson,
On s'étendra sur l'herbe folle,
Entonnant une barcarolle,
Ou le refrain d'une chanson.
Chacun alors fait sa partie.
Et comme il peut gardant le ton,
Le vieux rugit un baryton,
Amanda lance un cri de pie.
De l'île on quitte le gazon
Pour faire en pleine eau la baignade,
Avec le plongeon, la passade.
Le soleil baisse à l'horizon ;
Au zénith paraît une étoile...
« Vite, habillons-nous, les enfants, »
Dit l'ancien, « dans quelques instants
» Rentrons au port, carguons la voile. »
En étranglant un perroquet,
Chacun rallume la bouffarde.
La belle Amanda qui bavarde
Du plus jeune accepte un bouquet,
Et l'on termine la journée
Dans ce château quasi-royal
Devenu restaurant et bal
Par erreur de la destinée.
Tout ce monde un peu polisson
Venait alors faire bombance

Dans ce château de la Régence
Bâti par Voyer d'Argenson.
Ses beaux salons et ses terrasses
Livrés à ce monde joyeux,
Festoyant, riant des aïeux,
D'un grand siècle gardaient les traces.
Dans ce parc ombreux, flamboyant
Dès le soir de mille lumières,
Rempli de sèves printanières,
Un monde folâtre, ondoyant.
L'orchestre était incomparable
De vigueur et d'entraînement ;
La valse dans son tournoiement
Était d'aspect inénarrable.
Dans ces temps on s'amusait mieux ;
Il y avait chez la jeunesse
Moins de gravité, de tristesse,
On n'était pas si vite vieux.

Ces temps sont loin de nous, il serait difficile
De retrouver ici ce qui fut autrefois.
Asnières du progrès a dû subir les lois,
C'est décidément une ville.
Il n'est plus de verdure, on a bâti partout
Des maisons de rapport à cinq et six étages,

Du parc ont disparu les superbes ombrages ;
Il fallait faire argent de tout.
Le château, cependant, a résisté quand même ;
Une école est logée en ce trop beau décor,
Ozanam est son nom ; et l'on conserve encor
Une église du dix-huitième.
Asnières s'est donné, dans son ambition,
Un vaste Hôtel de Ville, œuvre sans caractère,
D'un modèle courant, banal, presque vulgaire,
Et sans nulle conviction.
Asnières a voulu, ville qui se respecte,
Posséder quelque bronze à mettre un peu partout,
Tel celui du Lanceur des engrais de l'égout :
C'était un suffisant prétexte.
Rien ne peut arrêter le progrès dans son cours :
D'un beau fleuve il a fait la Seine empoisonnée,
La bicyclette a pris la vogue abandonnée
Par le canot des anciens jours.
Il n'est plus même ici de villégiature ;
La spéculation qui morcelle a tout pris ;
Asnières a suivi l'exemple de Paris,
L'homme y a détruit la nature.
Cette île si jolie et dont je me souviens,
L'île des Ravageurs, à fleur d'eau, verdoyante,
Ombreuse, a disparu comme une île flottante,
C'est aujourd'hui l'Ile des Chiens.

Remblayée, exhaussée, elle a changé de mine ;
Exploitant la candeur d'un sentiment surfait,
La spéculation dévorante en a fait
Une Nécropole canine.
C'est un très grand jardin que bordent les talus
Descendant à la Seine; et, sur cette ceinture,
Les arbres formeront un cadre de verdure,
Avec quelques printemps de plus.
Mais c'est un cimetière avec fosse commune,
Avec concession, sans perpétuité,
Plus ou moins temporaire, à votre volonté,
Selon vos goûts, votre fortune.
De petits monuments, des dalles, des piquets,
En lignes sont rangés, et le nom sur la pierre
Demande un souvenir, sinon une prière,
Ou quelque fleur pour ces roquets.
En entrant, tout d'abord, devant quelques ombrages,
On a représenté, sur un haut monument,
Ce chien du saint Bernard qui, seul et simplement,
Fit quarante et un sauvetages.
A chaque pas se lit l'éloge d'un toutou.
Choisissons çà et là ceux-ci que je vous livre :
« *Bonne et intelligente, Éva ne pouvait vivre !* »
« *Rendons hommage à loulou !* »
« *Sultan fut un ami sincère et véritable.* »
« *Combien pour nous, Coco, les hommes sont méchants !* »

« *Nita, quoique mourante, en tes regards touchants,*
« *Tu ne cessais pas d'être aimable!* »
Imité de Pascal, cet aphorisme-ci :
« *Oui, plus on voit les gens, plus on aime les bêtes!* »
Mais qui de vous trouva, détraqués que vous êtes!
L'aberration que voici?
« *Si ton âme, Sapho, n'accompagne la mienne,*
« *O chère et noble amie, aux ignorés séjours,*
« *Je ne veux pas du Ciel! Je veux, quoi qu'il advienne,*
« *M'endormir avec toi sans réveil, pour toujours!* »
Qui peut déterminer cette mode nouvelle ?
Dresser un mausolée à ce pauvre animal!
C'est un signe des temps : affaissement moral,
Dépression de la cervelle.

## Courbevoie.

Ici, *Curva Via* n'a laissé nulle trace ;
Une large avenue en occupe la place,
Laquelle, commençant au pont de Neuilly, joint
Au bout d'un kilomètre un immense rond-point.
Là se voit, figurée en un groupe de bronze,
La Défense en soixante et onze.
Avant la guerre, hélas! il existait ici
Un bronze glorieux, plus beau que celui-ci :

Napoléon avec la redingote grise
Et le petit chapeau. La courante sottise
D'un jour le renversa, jusqu'au pont le traîna,
Et dans la Seine le noya.

Un morne et lourd fronton, surmontant un portique
De colonnes qui sont, dit-on, d'ordre dorique,
Est le seul frontispice assez communément
D'un très médiocre monument.
C'est bien ici le cas : un Louis seize classique
Se montre dans la salle à coupole elliptique
Qui précède une nef sans aucun intérêt.
De l'église, c'est le portrait.

Ensuite, il faut citer, entre autres édifices,
Agrandie aujourd'hui, la caserne des Suisses
Que Louis quinze éleva ; superbe bâtiment
Qui servit successivement
A loger par deux fois la garde impériale,
Les soldats alliés et la garde royale.
Je n'ai pas visité le château de Bécon ;
Je n'en dirai donc rien, n'étant pas un Gascon.
On l'aperçoit au loin ; il domine la Seine.
Rien autre à voir ici qui mérite la peine.

## Saint-Ouen.

En ce temps-là, sous le roi Dagobert,
Tout ce pays était assez désert,
Et dépendait de Clichy-la-Garenne
Qui s'étendait alors jusqu'à la Seine.
Ici mourut l'évêque de Rouen
Qui n'était autre que saint Ouen.

Il a laissé son nom à la Commune.
Il avait eu l'excellente fortune
D'être l'ami du fameux saint Éloi,
Comme il était aussi l'ami du roi ;
Et Dagobert, estimant leur sagesse,
Les gardait près de lui, sans cesse.

Que voir ici? des courses de chevaux
Dans un grand parc, des docks, des entrepôts ;
Une banlieue où ce ne sont qu'usines,
Charbon, charrois, ateliers et machines.
Seule, l'église en terrasse sur l'eau
Offre un assez joli tableau.

## Le Kremlin.

D'où lui vient ce nom de Kremlin ?
Quelle raison donner de ce nom moscovite ?
Je n'en sais rien, vraiment; mais nous passerons vite.
Le pays est neuf et vilain !

La grosse commune voisine,
Gentilly, fut sa mère ; et, depuis qu'il est né,
Son développement paraît aussi borné
Qu'il se trouvait à l'origine.

Un évêque de l'Angleterre,
De Wincester, dit-on, eut ici son château
Qui dominait la Bièvre, au sommet du coteau :
C'était une très grande terre.

Elle passa dans d'autres mains,
Eut des sorts très divers, et cela devait être.
Wincester francisé devint bientôt Bicêtre,
Et connut d'autres lendemains.

Louis treize ayant fait place nette,
Construisit un hospice au même emplacement,

Pour y donner abri dans un beau bâtiment
Au vieillard infirme et honnête.

Bicêtre est là, toujours debout ;
Des agrandissements ont, comme conséquence,
De l'hospice d'alors quadruplé l'importance,
Le transformant du tout au tout.

A voir, dans l'ancien édifice,
La chapelle, l'entrée, et ce beau puits si grand
Dans ses proportions qu'imagina Boffrand,
Pour alimenter d'eau l'hospice.

Les pensionnaires, ici,
Peuvent en travaillant augmenter leur bien-être.
Presque libres, heureux ils peuvent le paraître,
S'ils n'ont au cœur d'autre souci.

## Gentilly.

Il était un gentil village
Au fond d'une vallée et nommé Gentilly.
Hélas! il a perdu, depuis qu'il a vieilli,
Tout le charme de son jeune âge.

Où sont-ils donc les prés fleuris
Qu'arrosait ce ruisseau si limpide, la Bièvre,
Dont l'eau sale, aujourd'hui, semble porter la fièvre
Sur ses bords fangeux et flétris ?

Rivière infectée et malsaine,
Du fait d'une industrie inspirant le dégoût,
La Bièvre polluée et devenue égout
Ira se jeter dans la Seine.

Quoique, aujourd'hui, très important,
Gentilly garde encore au milieu du village,
A la Bièvre accotés, des coins de paysage
Assez pittoresques, pourtant.

Gentil tableau sur la rivière ;
De l'église gothique un portail assez beau,
Une flèche d'ardoise au pied baignant dans l'eau,
Et quelques bicoques derrière.

## Bois-de-Colombes.

Misère et villégiature ;
Des besogneux tarés, des artistes ratés,
Écrivains incompris et talents frelatés ;

Bohême, art et littérature.
Des hommes d'affaires véreux,
Grands monteurs de bateaux, francs-tireurs de carottes,
Spéculateurs pannés, cabotins et cocottes,
Gens d'expédients, miséreux.
Oui, c'est bien ici Bois-Colombes,
Refuge consacré du fumiste tapeur,
Du financier fourbu, du vanné... pas d'erreur,
On n'y voit ni bois, ni colombes.

## Colombes.

Colombes est situé non très loin de la Seine
Et sur sa rive gauche, au milieu de la plaine ;
Il a pour vis-à-vis Argenteuil et Bezons
Formant, sur l'autre rive, au loin, ses horizons.
Son église a trois nefs ; le chœur est du seizième.
Un portail au midi date du dix-septième.
Sous sa flèche d'ardoise, un vieux clocher roman
Est le seul précieux de ces restes d'antan.
Colombes vit la fin d'une noble existence :
La fille d'Henri quatre, Henriette de France
Ayant, dans son pays, dû se réfugier,
Mourut ici, veuve du roi Charles premier.

## Malakoff.

De Vanves à Montrouge, en ce temps, tout entière
La plaine s'étendait mélancoliquement,
N'offrant aux promeneurs aucun autre agrément
Que l'aspect des puits de carrière.

Nulle ombre, un Sahara ! de pauvres mastroquets,
De ci, de là, guettant la rare clientèle,
Pour elle ornant de fleurs une maigre tonnelle,
Ou de lilas quelques bouquets.

On travaillait un peu quelquefois le dimanche,
Mais, rien dans la semaine avec les ouvriers ;
Quand venaient les lundis ou les jours fériés,
Alors on prenait sa revanche.

Il y aura bientôt de cela cinquante ans,
Très peu de temps après la guerre de Crimée,
La plaine se meubla, devint plus animée,
Donnant quelques nouveaux clients.

L'un de ces commerçants, mieux doué de cervelle,
Alors imagina, dans son ambition,

Qu'en créant là, chez lui, certaine attraction,
Il rendrait l'affaire plus belle.

Il fit, à peu de frais, élever une tour
Sur son terrain, bâtie en plâtras et blocage,
Avec un escalier desservant chaque étage,
Et dominant tout alentour.

Mais, comment devait-on décorer les murailles
De ces salles, partout, aussi de l'escalier ?
Paysage, attributs, ornements ou papier ?
Non, il fallait d'autres trouvailles.

On n'entendait alors parler que de l'Alma,
Des Anglais et des Turcs, nos alliés en Crimée ;
Devant Sébastopol, des hauts faits de l'armée,
A Traktir, à Balaclava.

Il n'était au Salon que tableaux militaires :
Des luttes, des combats qui, de chaque officier,
Saint-Arnaud, Canrobert, Mac-Mahon, Pélissier,
Montraient les exploits légendaires.

On y voyait aussi Totleben, Gortschakoff,
Dont on reconnaissait les mérites notoires ;
Deux batailles, enfin, qui furent les victoires
D'Inkermann et de Malakoff.

Dans ces fastes d'alors, un peintre assez habile
Prit ses matériaux de décoration ;
Il en couvrit les murs et, sans prétention,
Fit une œuvre assez difficile.

Tout était à sa place : épisodes marquants
Pris dans chaque combat, les turcos, les zouaves
Enclouant les canons, chargeant ; et tous ces braves,
Grandeur nature, aux premiers plans.

Sans doute, ce n'était pas là l'œuvre d'un maître,
Mais, c'était dans la note, et c'était bien français,
Et pour l'industriel, ce fut un grand succès,
Il fallut bien le reconnaître.

A la Tour Malakoff, ainsi qu'on l'appela,
On venait de partout, pour admirer à l'aise,
Et l'on sentait en soi vibrer l'âme française...
La tour Malakoff n'est plus là !

Devenue, aujourd'hui, véritable commune,
Malakoff a gardé le nom qu'avait la tour ;
Elle a bien fait ainsi, d'elle tenant le jour
En même temps que sa fortune.

## Vanves.

De Vanves, que puis-je dire
Qui trouve sa place ici?
Situé tout près d'Issy,
On rencontre mieux et pire.
Étendu sur un coteau
Dans une pose agréable,
Il n'a rien de remarquable
Que son parc, et ce château
Que bâtit Mansard lui-même
En belle position,
Sans grande prétention,
A la fin du dix-septième.
Je ne sais rien de complet
Sur son histoire passée.
On en a fait un lycée
Qu'on appelle Michelet.
Une église du quinzième,
Et la porte du clocher,
Semblant vouloir se cacher,
Sont à regarder quand même.
L'hospice d'aliénés
Mériterait la visite,
Me dit-on, mais passons vite :
Je fais des instantanés.

## Clamart.

Clamart, cent mètres d'altitude.
La nature t'a fait ce don
Du voisinage de Meudon :
Béatitude !
Clamart, tu nous donnes des bois
Non seulement les promenades,
Mais encore, par myriades,
Les petits pois.

Une commune en république,
Qu'elle ait raison ou qu'elle ait tort,
Doit se préoccuper d'abord
De la laïque.
Ici, la Mairie a compris :
En un château du dix-huitième,
Logée, et l'école elle-même,
Autant de pris !

L'église des quinze et seizième
De Vanves rappelle les traits ;
Sa coupe, à quelques détails près,
Semble la même.

Si vous n'admirez pas du nord
La fine porte du quinzième,
Et le portail ouest du seizième,
Vous avez tort !

## Montrouge.

C'est un gros bourg près de Paris
Dont on ne fut jamais épris ;
Il est situé dans la plaine ;
Par dérision souveraine
De *Montrouge* il garda le nom :
A quoi peut tenir un faux nom ?

Dans cette commune importante
L'église est de mil huit cent trente;
Un porche ionique en avant
A quatre colonnes devant.
Le marché couvert, chose utile ;
Puis enfin, un hôtel de ville.

Édifié très récemment,
Il est intéressant, vraiment :
Style de la fin du seizième,
Il se présente de lui-même,

Pour sa bonne construction
Et sa sage conception.

## Châtillon-sous-Bagneux.

Assis aux pentes d'un coteau
Et dominant la plaine entière,
Devant lui la Ville-Lumière,
Et sur son sommet un plateau.

Là se trouvent sur une pierre,
La palme et le glaive brisé :
C'est le défenseur écrasé,
Triste souvenir de la guerre.

Comme à Bagneux, à Châtillon,
Tout le sous-sol est de la pierre :
A tout bout de champ la carrière
Venant interrompre un sillon.

A son église du seizième
On refit ce qui fut détruit,
Et son clocher fut reconstruit ;
Aussi n'est-elle plus la même.

## Issy.

Sis au bas des coteaux bordant
La rive gauche de la Seine,
Issy s'étale dans la plaine
En descendant.
Très ancienne, sans avoir d'âge,
L'église, on le voit, a, des ans
Et des hommes de tous les temps,
Subi l'outrage.

Vis-à-vis un château princier
Se trouvait là sur cette place ;
Il n'en restait presque plus trace
Dès l'an dernier.
Datant du siècle dix- septième,
Son architecte fut Bullet,
Maître doué, quand il voulait,
D'un goût suprême.

Ce si magnifique château
Fut bombardé pendant la guerre ;
Ses ruines n'étaient naguère
Plus qu'un monceau.
Et le parc aux si beaux ombrages,

Aux vives eaux, est morcelé,
Percé de routes, et meublé
De gais cottages.

Cette mairie est toujours là
Qui date de mil huit cent trente,
Classique et point envahissante,
C'est bien cela.
Issy grandissant crut utile,
Groupant ses services divers,
D'en faire une autre avec des airs
D'hôtel de ville.

Il a donc fait un monument
Énorme, décousu, vulgaire,
Aux façades sans caractère,
Tout bêtement.
Et, pour masquer de l'édifice
L'aspect maussade et décevant,
Il a mis un square devant :
Grosse malice !

Pour les vieillards on a, céans,
L'hospice des Petits-Ménages ;
On les y reçoit à tous âges,
Dès soixante ans.

On accepte la femme et l'homme,
Veufs ou mariés, possédant
Leur mobilier, et puis, versant
La forte somme.

Cela se donne tout d'abord
En entrant, c'est un bénéfice
Bien restreint qui reste à l'hospice,
Après la mort.
Puis, pour les septuagénaires,
On a l'hospice Devillas
Où l'on voit rarement, hélas!
Des centenaires.

Là, l'école Saint-Nicolas,
Aussi populaire qu'ancienne....
Mais, c'est la Doctrine chrétienne :
Il n'en faut pas!
La rue bordant le Séminaire,
Il a fallu qu'on lui donnât
Vite le nom d'un renégat :
C'était à faire!

Ce séminaire est surprenant,
Et j'admirais son envergure,
Et du parc aussi la verdure,

Me promenant,
Quand une chapelle m'arrête,
Où jadis quelque moine osa
Refaire une *Santa-Casa*,
Comme à Lorette.

## Bagneux.

Bagneux est sur une colline
En très belle vue, il domine
La plaine qui s'étend au bas
Et Paris au fond tout là-bas.

Bagneux a conservé, relique vénérable,
Une église très remarquable
Du treizième au début ou de transition,
De petite proportion,
Une œuvre délicate autant que magnifique ;
Elle est monument historique.
Tout est à voir ici : les voûtes, les arceaux,
Les colonnettes en faisceaux,
Le beau triforium, les reliefs, les figures,
Les lignes, les architectures,
La galerie aveugle au-dessus du portail,
Un vrai bijou comme travail,

Et ce portail lui-même, ogival de structure,
Avec son tympan de sculpture;
Puis autour, l'archivolte au gracieux élan,
D'un caractère bien roman,
Portant aux chapiteaux de sveltes colonnettes,
Les dents de scie et les billettes.

Au milieu du pays, une modeste place
Conserve de la guerre une visible trace :
Un pieux monument rappelant les combats
Où, dans les champs voisins, tombèrent nos soldats...
Le ciel était brumeux, nous étions en automne,
On subissait déjà l'invasion teutonne.
Le comte de Dampierre était là, commandant
Les mobiles de l'Aube... et c'est en défendant
Le village attaqué par l'armée allemande
Qu'il tomba foudroyé... La tristesse fut grande
Parmi ses compagnons. Là, sur le monument,
On a placé son buste en marbre, simplement.
Courage malheureux pour une œuvre incertaine !
A ses côtés était un jeune capitaine,
Comme lui volontaire et patriote ardent,
Qui, de la république, un jour, fut président.

Bagneux est un pays riche surtout en pierre :
La roche de Bagneux dont chaque monument

Était jadis construit, presque exclusivement.
Sa fortune est dans la carrière.
En dehors de cela, qu'indiquerais-je bien
Qui puisse intéresser en quelque autre matière ?
Mais, j'allais l'oublier, son très grand cimetière,
Qu'on appelle parisien.
C'est un champ de repos, ni triste, ni maussade ;
Des boulevards plantés, bordés de hauts massifs,
Cachent tombes et croix aux regards des oisifs.
C'est une belle promenade.
Comme on le voit à ceux de Saint-Ouen, de Pantin,
La jeune mère y vient, apportant sa couture,
S'installer sur un banc auprès de la voiture
Où gazouille un jeune bambin.

## Fontenay-aux-Roses.

Joli nom, site agréable
Sans être très remarquable.
S'il fut des rosiers ici,
Le fraisier s'y trouve aussi.

Jadis, ces fraises si fines
Couvraient toutes les collines,

Tant au midi qu'au levant,
Sous les vieux moulins à vent.

L'église simple et classique
Est d'ordonnance dorique ;
Louis-Philippe a présidé
A cet art si démodé.

Vous apercevrez sans peine
Un buste de Lafontaine
Dressé par les *Rosatti*,
Félibres *tutti-quanti*.

## Châtenay.

Châtaigne, châtaigneraie,
A cette racine vraie
Châtenay doit bien son nom :
Qui pourrait me dire non ?

Au surplus, sur les lisières,
Des bois d'Aulnay, de Verrières
Qui ne sont pas éloignés,
Sont encor des châtaigniers.

Il est sûr qu'au moyen âge,
Dans ce très ancien village,
La seule châtaigne était
Tout ce que l'on récoltait.

Châtenay ne saurait taire
Qu'il a vu naître Voltaire,
Ainsi que l'abbé Châtel,
Bien moins illustre mortel.

Certains disent que Voltaire,
Fils de maître Arouet, notaire
A Paris, y serait né ;
Mais, c'est peut-être erroné.

Quoi qu'il en soit, ce grand homme
Ne me préoccupe, en somme,
Nullement, à ce sujet.
Voyons donc un autre objet.

Dans la vieille église, j'aime
A retrouver du douzième,
Quoique en état délabré,
Quelque vestige sacré.

On attribue à l'école
De Renaissance espagnole,

Dans cette église, un tableau
(*La Vierge et l'Enfant*) très beau.

## Sceaux.

A distance on devine Sceaux,
Une ancienne sous-préfecture,
Ville de très mince envergure,
Au sommet de riants coteaux.
Sur toute sa longueur, la ville est traversée
Par la rue de Houdan, dont une extrémité
Conduit à Robinson, si gaîment fréquenté,
Et l'autre à Lakanal, un moderne lycée.
Vous ne ferez pas un arrêt
Sur son parcours, c'est inutile.
Voilà bien là l'Hôtel de Ville,
Mais il est sans nul intérêt.
L'église doit dater des seize et dix-septième.
Rien n'est à voir sinon, provenant du château,
Un groupe en marbre blanc que l'on doit au ciseau
Du Puget, figurant de Jésus le Baptême.
Ces bustes de Félibres ci,
Dans le jardin près de l'église,
Je voudrais bien qu'on me le dise,
Que viennent-ils donc faire ici?

Sceaux n'est rien aujourd'hui ; sa vie était tout autre
Quand existait encor ce superbe château
Que, pour le grand Colbert, avait bâti Perrault,
Et dont le parc était dessiné par Lenôtre.
Des charmilles, chaque bosquet
Venait encadrer de verdure
Les chefs-d'œuvre de la sculpture
Des Girardon et des Puget.
Colbert avait voulu, dans cette résidence,
Déployer de tous points un faste sans pareil ;
Il y reçut, dit-on, deux fois le Roi-Soleil
Qui ne sut qu'admirer tant de magnificence.
Colbert mourut ; en d'autres mains
Vint échouer le beau domaine.
Enfin la duchesse du Maine
Lui donna d'autres lendemains.
Elle attirait à Sceaux artistes et poètes,
Écrivains, beaux-esprits, occupant leurs loisirs
Avec elle, à chercher pour de nouveaux plaisirs
Des plans toujours nouveaux et de jeux et de fêtes.
A ces passe-temps précieux
Assistaient souvent, pour lui plaire,
Fontenelle, même Voltaire,
Florian, surtout Malézieux.
Elle fit élever la salle de spectacle,
Musique, comédie et les déguisements,

Tout était mis en œuvre à ces amusements
Qui ne devaient jamais rencontrer nul obstacle.
Mais vint la Révolution :
Le parc coupé fut mis en vente,
Et du château, honte navrante !
On fit la démolition.
Ce qui reste du parc semble triste et maussade,
Désormais solitaire, et depuis bien longtemps.
Ce fut si gai, jadis, et pendant cinquante ans,
C'était un rendez-vous de belle promenade.
Chaque dimanche on y dansait ;
La mère y conduisait sa fille,
Et, sous les yeux de la famille,
Tout correctement se passait.
La jeunesse d'alors aimait beaucoup la danse,
Et venait tout exprès, par les beaux soirs d'été,
Au bal de Sceaux, connu pour être fréquenté
Par un monde tranquille et rempli d'élégance.

## Arcueil.

Arcueil, c'est *Arculi*, signifiant arceaux :
L'aqueduc a donné son nom à ce village.
Bâti par les Romains, il devait, sans partage,
Aux bains de Julien le tribut de ses eaux.

Mais bientôt dévasté par les hordes barbares,
En ruine, il resta là dix siècles durant,
N'attendant désormais plus rien que le néant,
Sans espérer du temps les renouveaux bizarres.
Henri quatre était mort victime du destin;
La régente, sa veuve, active et résolue,
Bâtissait un palais dont la masse voulue
Par elle devait être un poncif florentin;
C'était le Luxembourg... La régente était sûre
De pouvoir recueillir du sommet des plateaux
De Fresnes, de Rungis, les abondantes eaux,
Afin d'alimenter son palais, sans mesure.
La reine avait raison, et Desbrosses créa
Une œuvre magistrale à l'emplacement même
De l'aqueduc romain, telle qu'un diadème
Au front de la vallée, encadrant l'au-delà.
Huit arcades à jour, dont deux sur la rivière,
Le reste plein, joignant les coteaux lentement;
Et le tout couronné d'un ferme entablement
Surmonté d'un attique où l'eau coule en la pierre.
Sous une arcade, on voit le curieux portail
D'une construction de belle Renaissance;
La cariatide à gaine a toute l'apparence
De l'époque Henri deux, dans son charmant détail.
Quoique surélevé pour les eaux de la Vanne,
L'aqueduc aujourd'hui, malgré tout, jette encor

A travers la vallée un très brillant décor
De muraille ajourée et presque diaphane.

Arcueil est loin d'être banal.
La Bièvre coule au bas dans l'étroite vallée
Qu'enjambe l'aqueduc en sa belle envolée,
C'est son aspect original.
Sa petite église gothique
Est du treizième siècle. Il faut voir de la nef
Les divers chapiteaux sculptés en haut-relief,
Rare spécimen artistique.
C'est bien l'ironique ciseau
Des imagiers naïfs et francs du moyen âge
Qui se servaient partout de ce même langage,
A l'église comme au château.
On remarque au portail d'icelle,
D'une cloche, dit-on, le cercle figuré,
Œuvre d'un pèlerin qui l'avait mesuré
A Saint-Jacques-de-Compostelle.
Ici Laplace et Berthollet
Ont vécu, travaillé ; leur nom seul illumine
Encor de son éclat le haut de la colline
Où le labeur les appelait.
Tout se succède, le temps vole,
Tout change à tout moment de destination ;
Ici, jadis, était une habitation,

De nos jours devenue école.
Qui ne connaît Albert le Grand,
Les Dominicains, et l'école Laplace ?
Pour la position, le soleil et l'espace,
Arcueil est bien au premier rang.
De leur œuvre occupés sans cesse,
Ces pères qui sont là semblent vraiment heureux
D'être avec ces enfants, prenant part à leurs jeux :
On voit qu'ils aiment la jeunesse.
C'est réciproque, forcément,
Quand un maître est ainsi l'ami de son élève,
Qu'il sait l'intéresser, s'en occuper sans trêve
Avec un pareil dévouement.
Et penser qu'on peut les maudire,
Ces hommes dont la vie est le renoncement
Et l'abnégation, et son couronnement
Trop souvent, hélas ! le martyre.
Ici, depuis plus de trente ans
Sont les sacrifiés. Tout auprès, la statue
Du prieur fusillé, succombant, perpétue
Le souvenir de ces vaillants.
Là, dans le parc, sous la verdure,
Est du Père Didon, l'illustre directeur,
Le grand Dominicain, le puissant orateur,
La mâle et vivante figure.
Cette école qui, dans ta main,

Pauvre Père Didon, était si florissante,
Au milieu des rigueurs d'une haine écœurante,
Que deviendra-t-elle, demain ?

## Antony.

Tournant le dos à Bourg-la-Reine,
Tout droit vous arrivez à la Croix-de-Berny,
Puis, de là, poursuivant, vous gagnez Antony,
A deux kilomètres à peine.
Nous sommes route d'Orléans,
La Bièvre est à côté, par ses bords séduisante,
Mais, par malheur, pour nous un peu trop odorante.
Qu'est-il à remarquer, céans ?
Un gentil clocher du douzième,
Le chœur de même époque, intéressant détail,
La nef, les bas-côtés et le charmant portail,
Datant de la fin du quinzième.

## Le Plessis-Picquet.

Pittoresque petit village
Entre Clamart et Sceaux, c'est le Plessis-Picquet ;
Il est tout gentiment perché sur un sommet,

Au milieu d'un beau paysage.
Une ruelle à grands degrés
Va, grimpant jusqu'en haut, où se trouve l'église
Dont le clocher roman montre sa tête grise,
Au-dessus des toits diaprés.
A mi-côte, dans la verdure,
Un merveilleux étang envahi de roseaux.
Tout jeune, je pouvais me baigner dans ses eaux
Libres alors et sans clôture.
Le Plessis peut être jaloux
De son site, à bon droit, du bois, de ses chênaies,
De Robinson, d'Aulnay, de ses châtaigneraies,
De sa belle Vallée-aux-Loups.

## L'Hay.

Sur un plateau, la Bièvre au bas.
A quelques pas,
Le petit hameau de La Rue,
En belle vue.
L'église offre quelque intérêt,
Certain attrait.
Elle est des quinzième, seizième
Et dix-neuvième.

## Bourg-la-Reine.

En quelques mots, je vais fixer, céans,
De Bourg-la-Reine une légère ébauche.
C'est de la Bièvre, ici, la rive gauche,
Et tout au long la route d'Orléans.

Voici le nid qu'habita Gabrielle.
Oui, la maison date bien de ce temps;
La porte même a gardé ses battants :
C'est là qu'Henri venait trouver sa belle.

C'est encor là qu'au roi Louis quinze, enfant,
Fut présentée une infante d'Espagne
Qui ne devait pas être sa compagne :
Raison d'État, prétexte suffisant.

Petite église, édifice classique
Très compassé, coutumiers oripeaux
D'entablement, colonnes, chapiteaux,
*Et cætera*, le tout d'ordre ionique.

Tout près de là, buste de Condorcet.
Ce Girondin s'empoisonna lui-même
Ici, fuyant la vindicte suprême
Dont Robespierre alors le menaçait.

## Chevilly.

Se trouve après L'Hay, sur le même plateau.
Son église moderne a gardé du treizième :
Du chœur une partie, et du clocher lui-même
Découronné, quelque lambeau.

Là s'élève, brisée, une colonne en pierre :
Officiers et soldats du même régiment
Ont, à leurs frais, dressé ce simple monument
Aux leurs tombés pendant la guerre.

## Fresnes-les-Rungis.

Que dire de ce pays-ci ?
Église replâtrée et sans nul caractère,
Écoles et mairie en meulière et en pierre,
D'aspect rustique et réussi.

Une prison : c'est un village
Que tous les détenus appellent leur château,
Ne pouvant être mieux que sur ce beau plateau
Pour admirer le paysage.

Non loin est la Croix-de-Berny,
Le point de rencontre où, d'Orléans la grand'route
Vient, auprès des haras, croiser cette autre route
De Versailles jusqu'à Choisy.

A quelques cents pas on devine
Les restes d'un château ; ce qui subsiste encor
De l'époque Louis-treize est un joli décor.
Mais Berny n'est qu'une ruine.

## Rungis.

Comme Fresnes, sur le plateau.
Ce qu'il faut voir ici, lorsque l'on s'y hasarde,
N'est pas assurément l'église campagnarde,
Mais les regards des prises d'eau.
Petits édifices en pierre,
Sur plan carré, couverts en dôme à quatre pans,
Lanterne à jour en haut, bossages et refends,
Le tout d'un très grand caractère.
Jacques Desbrosses les créa,
Avec cet art qu'on sait, tous d'un même modèle,
Utile, raisonné, durable et qui révèle
L'esprit pratique en tout cela.
C'est le même sens artistique,

On le voit, qui dicta cette conception,
Et l'aqueduc d'Arcueil, et la construction
Du Luxembourg, cette œuvre unique.

## Thiais.

Vous êtes à Choisy, place Rouget-de-L'Isle ;
Prenez ce boulevard tranquille
A droite, puis au bout, une rue en biais
Vous mène au sommet de Thiais.
Là, vous rencontrerez sur la place elle-même,
Datant des treize et quatorzième,
Une église à trois nefs, son clocher en avant,
Avec double perron devant.
Nombreuse est à Thiais la villégiature
Vieillotte et sans architecture.

## Choisy-le-Roy.

Choisy-le-Roy propret, régulier, bien percé,
Calme et tranquille semble, avec ses larges rues,
Ses boulevards déserts, ses belles avenues,
Un Versailles rapetissé.

On dirait qu'aujourd'hui, la ville encor recèle
Du grand siècle un reflet dans son essor nouveau,
Quoiqu'il ne reste rien du superbe château
De la Grande Mademoiselle.

Du château qui, plus tard, comme un lieu mal famé,
Devint le rendez-vous des débauches suivies,
Des plaisirs éhontés, des secrètes orgies
De Louis quinze, le Bien-Aimé.

Il construisit pourtant une église nouvelle
Qui, de Versailles semble une inspiration,
En rappelant Saint-Louis, mais en réduction,
Et d'une tournure assez belle.

Lors, le pays avait changé de nom : pourquoi ?
Il s'appelait d'abord Choisy-Mademoiselle ;
Mais elle n'était plus ; sous Louis quinze après elle,
On le nomma Choisy-le-Roy.

Le siècle s'écroulait, roulant dans la fournaise.
Le sang coulait partout ; et de jeunes soldats
Enrôlés le matin, s'élançaient aux combats
En entonnant la *Marseillaise*.

Rouget de L'Isle, alors patriote inspiré,
Mourut ici. Son nom appartient à l'histoire ;

Une statue en bronze honore la mémoire
De l'auteur de l'hymne sacré.

Un autre monument d'un ordre aussi sévère
Est le bronze en l'honneur des combats de L'Hay,
De ceux de Chevilly, de Thiais, de Choisy :
Un combattant pendant la guerre.

## Ivry-sur-Seine.

Pays de forges, d'usines,
De marteaux et de machines.
Dense population,
Vaste agglomération.
S'étale au loin dans la plaine,
Du Kremlin jusqu'à la Seine,
De Paris jusqu'à Vitry.
Mais ce n'est pas tout, Ivry
A, sur le fleuve tranquille,
Un pont joignant Alfortville ;
Et puis possède Ivry-Port,
Port-à-l'Anglais et le Fort.
Tout cela sent sa banlieue
A distance d'une lieue.

Populacier, faubourien,
Non ! Ivry ne me dit rien.

Sur une éminence assise,
Une pauvre vieille église
N'offrant de loin nul attrait,
De près aucun intérêt.
Un hospice d'Incurables
Qui sont là presque innombrables,
Plus de deux mille, dit-on.
C'est aussi grand qu'un canton.
Mais Ivry possède encore
Une maison qui l'honore :
Pour les cerveaux condamnés,
L'Asile d'Aliénés.
Puis, non loin de la barrière,
Un très vaste cimetière
Appelé Champ de Navets,
Ne le trouvez pas mauvais.

Mais la chose intéressante
À voir, la plus importante,
D'Ivry le seul ornement,
Qu'il s'est payé récemment :
C'est le grand Hôtel de Ville
Conçu dans un très bon style,

Et construit d'un jet, tel quel,
Par l'architecte Chancel.
A voir, je vous y engage,
En bas-relief, à l'étage,
Six figures d'ouvrier
En costume d'atelier.
Chacun traite à sa manière
La terre cuite et la pierre,
Le fer, l'électricité,
L'eau, le bois, à volonté.
Quant à l'édifice même,
Dans le goût du dix-septième,
Plutôt du commencement,
C'est un très beau monument.

## Villejuif.

La *Villa Judæa* des anciens temps, dit-on,
Devenue aujourd'hui canton.
Placé tout au sommet d'une haute éminence
Dominant une plaine immense,
Ce gros bourg manque en tout absolument d'attrait.
Son église est sans intérêt,
Bien que semblant dater de la fin du seizième
Et des débuts du dix-septième.

Au milieu du pays, édifice banal,
L'asile départemental,
Et le Moulin-Saquet, ce petit coin de terre
Si disputé pendant la guerre.

### Vitry-sur-Seine.

Au pied de Villejuif, dans un site assez beau,
Et s'appuyant sur le coteau,
Vitry s'étend plus bas, s'étalant dans la plaine,
Et va, courant, presque à la Seine.
Ce bourg très important est aussi fort ancien,
Et cela se reconnaît bien
Dans l'aspect tout vieillot de maisons et de rues
Aux silhouettes imprévues.
Son église, au surplus, est un témoin certain
De ce passé déjà lointain.
Tout entière, elle date, en effet, du treizième,
Y compris son clocher lui-même ;
Ce dernier, reconstruit il y a cinquante ans
Tel qu'il était avant ce temps,
Suivant l'ancien modèle, avec sa flèche en pierre
Tout à la fois simple et altière.
Nulle voûte à la nef, le chœur, les bas-côtés
Restent aujourd'hui seuls voûtés.

Datant du quatorzième, entre elles inégales,
Sont trois chapelles absidales.
Près l'église, un château qui vaut d'être cité,
Une vaste propriété.
Une mairie auprès d'un jardin-promenade :
L'édifice en est moins maussade.

## Orly.

Route de Villeneuve, en sortant de Choisy,
A droite, on aperçoit Orly
Là-haut, dans un agreste et coquet paysage.
Ce modeste et gentil village
Encore dans la Seine est très exactement
Aux confins du département.
La seule chose à voir, qui ne doit être omise,
Sera le chœur de son église :
C'est de la Renaissance et du François premier
Avec son décor coutumier.
Le plein cintre partout, les gargouilles de pierre,
Fins meneaux dans chaque verrière,
Pilastres décorés, haut et bas, de panneaux,
Et feuillages aux chapiteaux.
Mais, ce qu'on voit ici, qui n'est pas ordinaire
C'est, près de l'église, un Calvaire ;

Sachant qu'en ce pays, bourgeois et paysans
Sont presque tous des mécréants.

## Bondy.

La forêt de Bondy, de sinistre mémoire,
Appartient, en outre, à l'histoire.
C'est là que Bodillon, flagellé, furieux,
Assassina Childéric deux.
C'est aussi là qu'eut lieu le combat mémorable,
Qui fut un duel véritable
Ordonné par le roi, selon les vieux écrits,
Entre ce chien de Montargis
Et l'assassin d'Aubry de Montdidier, son maître,
Que l'animal sut reconnaître.
Macaire était son nom ; succombant et défait,
Il dut avouer son forfait.
De nos jours, la forêt presque en entier détruite
N'offre que quelques bois sans suite ;
Quand celle de jadis, ô profanation !
Couvrait toute la région.
Les brigands d'autrefois ont quitté ce domaine
Qui ne leur offre nulle aubaine ;
Et la ville a pour eux, aujourd'hui, plus d'attraits
Que les plus profondes forêts.

Mais toi, pauvre Bondy, d'un si lourd héritage
Que te reste-t-il en partage ?
Hors ta route de Metz, chez toi, rien n'est à voir
Qu'un canal et ton dépotoir.

## Stains.

De *Stagnum* ou *Stagna*, d'un de ces mots latins,
Assurément, dérive Stains.
L'eau sur ce sol déclive a pu trouver sa place,
Bien qu'il n'en reste nulle trace,
Sinon cet abreuvoir et ces fossés pleins d'eau
Près d'une porte du château.
Ce qui subsiste encor de ce château lui-même
Est de la fin du dix-septième,
Et l'un de ses débris est toujours affecté
A la Municipalité.
L'église doit dater, selon toute apparence,
De la première Renaissance.
Les voûtes au dedans, les piliers, le portail
Ont quelque intérêt de détail.

## Pierrefitte.

Rien n'est à voir dans cet ancien village
Bordant, pressé, la route de Calais,
Dans un pays qui semble des plus laids.
Ce quatrain seul sera son apanage.

## Noisy-le-Sec.

Sur un coteau léger, au pied de Romainville ;
Une vieille église sans style ;
Un hameau qui le joint avec un tendre élan,
Portant le doux nom de Merlan.
Ce bourg, quoique vulgaire, en remontant l'histoire,
Fournira ses titres de gloire.
Un grand et haut Seigneur qui naquit à Noisy
Fut Enguerrand de Marigny.
Il avait fait bâtir, au temps de sa puissance,
Montfaucon, multiple potence ;
Et, c'est à ce gibet que lui-même dressa,
Que le roi, plus tard, le hissa.
Mais Noisy compte encore une noble recrue,
Le cardinal Jean La Balue,
Grand chancelier, auteur d'une cage de fer :

L'invention lui coûta cher !
Louis onze mécontent, un jour, de son ministre,
Eut l'idée atroce et sinistre
D'utiliser la cage : il l'enferma dedans,
Et l'y retint pendant onze ans.

## Rosny-sous-Bois.

Tous ces villages sont, à l'entour de Paris,
Plutôt de véritables villes ;
Aussi, quand vous voyez exulter leurs édiles,
Il n'en faut pas être surpris.
Il n'y a pas pourtant de quoi chanter victoire,
Car on pourrait désirer mieux.
En général, c'est laid, c'est sale et ennuyeux,
On n'y récolte que déboire.
C'est le cas de Rosny dont le seul monument,
Une pauvre église moderne,
Fut élevé sans goût, sans style, triste et terne,
Trop parcimonieusement.
Combien de monuments, par une main grossière
Mal traités comme celui-ci!
Peut-on, le contemplant, croire qu'on est ici
Tout près d'une *Ville-Lumière ?*

## Montreuil-sous-Bois.

C'est le pays de ces fruits délectables
Qui sont l'ornement de nos tables.
Qui ne connaît de nom la pêche de Montreuil ?
C'est son triomphe, son orgueil.
Des murs sur les coteaux, dans la plaine, en terrasse,
Tiennent ici toute la place ;
Et ce ne sont partout que vignes, cerisiers
Et que pêchers en espaliers :
*Montreuil-aux-Pêches* est, ainsi, quoique nouvelle,
Une appellation réelle.

L'église garde un chœur du treizième, assez beau,
Avec triforium et colonnes trapues,
Aux chapiteaux portant les lignes continues
Des colonnettes en fuseau,
Œils-de-bœuf par le haut. La nef est Renaissance,
A plein cintre partout, verrières à meneaux ;
Le portail restauré, doubles collatéraux
Avec moderne dissemblance.

## Suresnes.

Suresnes est au pied du mont Valérien ;
La Seine est sous ses yeux. Sur la rive rivale,
L'immense tapis vert des courses qui s'étale
Encadré par le bois ; puis... rien.

Il vous faudra gravir le flanc de la montagne ;
Vous aurez devant vous tout Paris, ses maisons,
Ses monuments, ses ponts, les lointains horizons
D'une vaporeuse campagne.

Au vieux temps, ces coteaux donnaient d'excellent vin ;
Aujourd'hui, ce n'est plus qu'une affreuse piquette.
Il semblerait qu'ici le vigneron regrette
De laisser mûrir le raisin.

De si tôt vendanger on comprend qu'il s'empresse,
Car s'il tardait encore, on n'en trouverait plus
De ce raisin : au moins on aura le verjus
Que dédaigne la forteresse.

Quel est donc, en montant, cet amas singulier
D'édifices divers où domine la brique,

D'un style Renaissance, évoquant la Belgique ?
La villa d'un grand couturier.

Tout en bas du pays, une église ogivale
Des quinzième et seizième ; un pauvre monument.
On pourra cependant s'arrêter un moment
Devant sa porte occidentale.

Suresnes s'est construit un grand Hôtel de Ville,
Résultat d'un concours ; ce que l'on voit ici,
Très bien étudié, d'un aspect réussi,
Est une œuvre d'un très bon style.

## Puteaux.

De Courbevoie à Suresnes,
On rencontre dans la plaine
Et sur le bord de la Seine,
Amarrant quelques bateaux
Au bas de jolis coteaux,
Cette ville de Puteaux.

Ni gracieuse, ni belle,
Elle se présente telle :
C'est la ville industrielle ;
On y travaille beaucoup,

On y fabrique de tout ;
C'est sale et vilain, partout.

Ici, rien de ce que j'aime ;
Une église du seizième
Sans intérêt elle-même,
Contenant deux vieux vitraux
Que l'on estime fort beaux.
Et c'est tout... laissons Puteaux.

## Nanterre.

Sainte Geneviève était née à Nanterre ;
Sa réputation illustra le pays,
Car celle que berça ce petit coin de terre
Devint Patronne de Paris.

Ici, depuis longtemps, un grand pèlerinage
A lieu deux fois par an ; et la foule, priant,
En septembre surtout, envahit le village :
Quel spectacle pour un croyant !

Chacun implore ici la vierge de Nanterre,
En visitant le puits, la grotte, le cellier,
Ce puits dont l'eau rendait, lors, la vue à sa mère,
L'enfant s'étant mise à prier.

Nanterre, dès longtemps, elle fut la première,
Rechercha la vertu pour la glorifier :
Chaque année, elle peut couronner sa rosière,
La dotant, pour la marier.

Tout auprès de la grotte, église du treizième
Souvent remaniée, offrant peu d'intérêt,
Dont la façade, seule, œuvre du dix-septième,
De l'art n'eut jamais le secret.

A distance, là-bas, quelle est donc, dans la plaine,
Cette masse sévère en sa construction ?
C'est pour les vagabonds, miséreux de la Seine,
La maison de correction.

Quand je la visitai, je vis, je me rappelle,
Que l'architecte avait, poursuivant son projet,
Construit un charmant cloître, avec une chapelle,
Hélas, désormais, sans objet !

J'ai l'estomac ingrat, mais le goût militaire
Survit toujours en moi, j'adore les guerriers :
Et j'allais oublier les gâteaux de Nanterre
Avec ses illustres pompiers !...

## Bezons.

Quand, sur la rive droite, en descendant la Seine,
Vous laissez d'Argenteuil les dernières maisons,
Vous trouvez le château du Marais dans la plaine,
    Et quelques pas plus loin, Bezons.
Là, vers le nord, on joint d'Herblay la Patte-d'Oie ;
A l'ouest, un peu plus bas, Carrières-Saint-Denis ;
Par le pont, au sud-ouest, on gagne Courbevoie,
    Tels sont les confins du pays.
Bezons n'est aujourd'hui qu'un modeste village
Où vous ne voudrez pas vous arrêter beaucoup.
Il n'a presque plus rien des restes d'un autre âge :
    Quelques souvenirs, et c'est tout.
Dans son église, on voit des bribes du quinzième ;
Le parc a disparu, du château qui n'est plus
Une porte subsiste encor, du dix-huitième.
    Très peu remarquable, au surplus.

## Maisons-Alfort.

Situé rive droite et non loin de la Seine,
Maisons comprend Alfort avec Charentonneaux

Et le Château-Gaillard, encore un beau domaine
Qu'on a dépecé par lambeaux.

Ici, s'épanouit la villégiature
Sur le bord de la Marne, avec quelque agrément.
On y rencontre encore un peu d'architecture,
Dans son église seulement ;
Ogivale en partie, et aussi du douzième.
On remarque la flèche en pierre du clocher,
Mais, pour ici, trouver un intérêt extrême,
Non ! c'est ailleurs qu'il faut chercher.

On possède en tout temps, ici, pour se distraire,
Et la Seine et la Marne : et, que de plus veut-on ?
Sinon l'École aussi dite vétérinaire
Avec le fort de Charenton.

## Alfortville.

A côté de Maisons, la nouvelle commune
A jeté sur la Seine un pont joignant Ivry :
Sa raison d'être est là, ce pont fit sa fortune
En la rapprochant de Paris.

En outre, elle possède aussi la passerelle
Qui, franchissant la Marne et le canal, d'un jet

Lui fait joindre Conflans placé vis-à-vis d'elle,
Abrégeant dix fois le trajet.

Sa population s'accroissant, Alfortville,
Par une belle place et des alignements,
Prend les airs ordonnés d'une petite ville,
Et se paie des monuments ;
Entre autres, une église assez bien composée
Dans un style roman, à trois nefs et transept.
L'ensemble est réussi, mais la flèche ardoisée
Du clocher est d'un maigre aspect.

## Charenton-le-Pont.

Doit son surnom, sans doute, à ce pont qui traverse
Le canal et la Marne, avant le confluent,
Auprès de Conflans où, dans la Seine, se verse
Son vert-de-grisâtre affluent.
Charenton, au midi, dominant la rivière,
S'étend sur le coteau. Grimpant jusqu'au sommet,
Une rue a gardé, dans sa vieille manière,
Des temps passés quelque fumet.

Quel est ce pavillon fait de pierre et de brique,
Et d'ardoise couvert, qu'on aperçoit ici ?

Pour loger Gabrielle, ainsi qu'on me l'explique,
Henri quatre l'avait bâti.
Comme aux Prés-Saint-Gervais, et comme à Bourg-la-Reine
Ici, le Vert-Galant hébergeait ses amours.
Il changeait le logis, la chose est bien certaine :
Restait-il fidèle toujours ?

Charenton, aujourd'hui, pour son Hôtel de Ville
A pris ce pavillon, le flanquant simplement
De quelques bâtiments un peu du même style,
Moins robustes, assurément.
L'église est près de là, datant du dix-neuvième,
Genre gréco-roman, froid et prétentieux,
Suant partout l'ennui, ne possédant pas même
Le moindre sens religieux.

Au coteau de Conflans, une grille accompagne
D'un château du grand siècle encor quelques débris ;
Monseigneur De Harlay trouvait là sa campagne,
Étant évêque de Paris.
Conflans, c'est Charenton ; et son pont sur la Seine
Va sur la rive gauche, et dessert Ivry-Port.
Et par sa passerelle on peut, sans nulle peine,
Joindre Alfortville, puis Alfort.

## Charenton-Saint-Maurice.

Près Charenton-le-Pont, Charenton-Saint-Maurice,
Situés tous les deux sur le même coteau :
Ils sont frères jumeaux, et leur même nourrice,
La Marne, les abreuve d'eau.

Belle exposition, emplacement propice,
Très vastes bâtiments, largement ordonnés,
Sont les conditions qu'on trouve en cet hospice
De quinze cents aliénés.
Pas de lignes, c'est bien ! des surfaces tranquilles
Ouvertes sobrement, et reposant les yeux ;
Des toits plats et saillants, des escaliers faciles,
Séjour calme et silencieux.
Des promenoirs couverts de treilles en terrasse,
Où le regard, perdu dans des rêves profonds,
Croit, à travers les fleurs, le soleil et l'espace,
Retrouver l'au-delà des monts.

A voir ici : l'église, une simple chapelle,
La promenade avec buste de Delacroix,
La mairie assez sage, encor bien que nouvelle.
Rien autre à signaler, je crois.

## Créteil.

Créteil est sur la Marne, presque,
En cet endroit très pittoresque.
Un beau pont va, sur l'autre bord,
Joindre la boucle de Saint-Maur.

Devant son église ogivale,
Au bas du vieux clocher, s'étale
Un portail roman assez beau,
Sous les accrocs de son manteau.

De reconnaissance, une trace
Se voit ici, sur une place :
Créteil a mis, noble dessein,
Le buste de son médecin !

Encore la guerre dernière :
Ici, Ladrey de la Charrière,
Avec ses malheureux soldats,
Soutint de multiples combats.

A Montmesly, couvert de gloire,
Il succombait... A la mémoire
De ces braves, on a dressé
Un stèle où son buste est placé.

## Houilles.

Au milieu de plaines maussades,
Un village insignifiant ;
Et, pour les familles nomades,
Villas d'un vulgaire criant.
Petits boulevards vers la gare
De maigres arbustes plantés,
D'où l'on enlève, chose rare,
Quelquefois les malpropretés.

Houilles est un pays de pierre
D'inférieure qualité,
D'inégale teinte, et grossière
Avec assez de fermeté.
Son église est une bâtisse
Du dix-septième, et son curé
Ornant le dedans, sans malice,
L'a tout à fait défiguré.

## Carrières-Saint-Denis.

Assez pittoresque village.
Il domine la Seine, et le raide coteau,

De ses rues à degrés descendant au rivage,
Porte l'incohérent fardeau.
Ici, des bâtisses étiques
S'appuyant sur un mur de terrasse effondré,
Là, d'un palais, dit-on, deux fenêtres gothiques,
Plutôt celles d'un prieuré.

Dans l'église on voit un rétable
Monument historique, en un mur retrouvé,
De sculpture romane, ouvrage remarquable
Et parfaitement conservé.
En trois morceaux de pierre dure :
Le Baptême du Christ, l'Annonciation,
Le morceau du milieu, plus élevé, figure
Enfin la Présentation.

Ici, le sous-sol est de pierre
Qui, comme à Houilles, n'a qu'un médiocre renom,
La plaine, à chaque pas, présente une carrière :
Carrières mérite son nom.

## Montesson.

Tapi dans un trou de la plaine
Comme un lapin dans son terrier,

Montesson ne reprend haleine
Qu'en sortant le nez du bourbier.
La boue est à l'état chronique
Dans ce déclive coin perdu ;
Difficilement je m'explique
Que moi-même m'y sois rendu.
Rien à voir ici : cette église
N'est qu'un triste tas de moellons.
Il faut profiter de la brise :
Appareillons vite, et filons.

## Sartrouville.

Sartrouville n'est pas un pays qui me tente ;
Le village est fort laid, mais l'église est charmante.
Elle comprend trois nefs, sans voûtes ni berceaux,
Du treizième naissant, colonnes, chapiteaux ;
Puis un transept voûté. Au centre, du douzième,
Un clocher à huit pans et flèche du quinzième ;
Le tout se découpant avec quelque élégance
Au sommet du pays, sur la verte éminence
A laquelle on parvient alors que sont gravis
Les soixante degrés qui montent au parvis.
De ce point élevé, par-dessus le village,
On aperçoit au loin un joli paysage

Par la Seine arrosé, de la Frette à Maisons ;
Puis au fond ; la forêt masquant les horizons.

## Gros-Rouvres.

Que j'aimerais revoir ces lieux,
Témoins aimés de mon enfance,
Berceau des maternels aïeux !
Au terme de mon existence,
Que j'aimerais revoir ces lieux !

Je crois entendre une chanson
Quand on parle de la Surie,
Du Chêne-Rogneux, du Buisson,
De la Troche, de la Folie :
Je crois entendre une chanson !

Que sont devenus ces châteaux
De la Couharde, la Mormère,
Que je trouvais, enfant, si beaux
Lorsque m'y conduisait ma mère ?
Que sont devenus ces châteaux ?

Je revois toujours la maison
Qui fut celle de mon grand-père,

Et devint plus tard par raison,
L'asile de ma pauvre mère :
Je revois toujours la maison !

Là sont devant mes yeux, toujours,
L'église, le pré, la fontaine,
La ferme avec ses vieilles tours ;
Le ru, le jardin, la garenne,
Là sont devant mes yeux, toujours !

Ils sont encor vivants pour moi,
Ces souvenirs de ma jeunesse
Pleine d'espérance et de foi,
Ignorante de la tristesse :
Ils sont encor vivants pour moi !

## Le Blanc-Mesnil.

Blanc-Mesnil est éparpillé
Dans une plaine de culture.
Ici, ni tramway, ni voiture :
Il faut faire la route à pied.

Le Sausset, un ruisseau limpide,
Arrose le coin d'un hameau,

Creusant à travers le plateau
Un sillon étroit et timide.

Des meules montrent en ce lieu
Des bâtiments la pénurie :
Ce n'est qu'en une bergerie
Qu'ici l'on a pu loger Dieu !

## Bonneuil-sur-Marne.

Bonneuil ! qui connaît ce trou-là,
Au-dessus de Créteil et près de la grand'route,
Avec un pont joignant la Varenne, au-delà ?
Personne de vous, je m'en doute.

Auprès de Bonneuil, il y a
La Marne alimentant la petite rivière
Qu'on nomme le Morbras, formant l'*île Barbière*
Qui n'est pas *di Seviglia*.

D'un pays comme celui-là
Je ne sais vraiment pas ce que je pourrais dire.
Je me vois donc, hélas, forcé d'en rester là :
Permettez que je me retire.

## Aulnay-les-Bondy.

Quand je quitte le train, vingt minutes à peine,
C'est Aulnay-les-Bondy, s'étalant dans la plaine.
Le ruisseau du Sausset fait tourner un moulin ;
Son parcours sinueux rend Aulnay moins vilain.
Château du dix-huitième, au milieu du village,
Par son parc au pays procurant quelque ombrage.
Dans l'église, en entrant, j'aperçois, sans chercher,
Des restes du treizième au bas de son clocher.

## Saint-Maur-les-Fossés.

Saint-Maur est situé sur cette langue étroite
Que la boucle de Marne enserre en se fermant ;
De la Marne il occupe ainsi la rive droite
Sur deux points successivement.

Saint-Maur recouvre aussi toute cette presqu'île
De mesquines villas formant les trois hameaux
Qu'on appelle : le Parc, la Varenne, Adamville,
Décousus et rien moins que beaux.

En remontant l'histoire on voit que la presqu'île
Pour se défendre mieux, dans les siècles passés,
Sur l'isthme de la boucle, ainsi formant une île,
Avait établi des fossés.

De ces fossés d'alors, il n'est plus nulle trace.
Le canal de Saint-Maur, abrégeant quinze fois
Ce circuit de la Marne, aurait-il pris la place
De cet ouvrage d'autrefois ?

A Saint-Maur-les-Fossés, la grande Catherine
De Philibert de l'Orme habitait un palais.
De ce joyau de l'art, pas même une ruine
Ne subsiste ici désormais.

L'église du treizième exige une visite ;
Elle a quelque intérêt. On y vénère aussi
La Vierge, sous le nom de Notre-Dame dite
Des Miracles, célèbre ici.

## Joinville-le-Pont.

Dépendant de Saint-Maur, devint une commune
Au temps de Louis-Philippe; eut la bonne fortune,
Cherchant un nom, d'avoir, je ne sais trop pourquoi,
Trouvé pour son parrain l'un des cinq fils du roi.

Sur la Marne un vieux pont. La charmante rivière,
Chaque dimanche, appelle une gent batelière
Qui, fuyant de Paris, attrait toujours nouveau,
Vient goûter les plaisirs que lui procure l'eau.

## Nogent-sur-Marne.

Au sommet d'un coteau dominant la rivière,
Et sur sa rive droite, est Nogent, sous mes yeux
Les coteaux de Villiers et la vallée entière,
Paysage délicieux.
Le parc du Perreux, Brie et Noisy qui domine,
Saint-Maur et Champigny de cet autre côté,
De Vincennes le bois recouvrant la colline,
Le val et l'île de Beauté.
L'homme n'a pas laissé tout faire à la nature
Ici : plusieurs châteaux richement habités,
Des villas, des chalets encadrés de verdure
Viennent souligner ses beautés.
Puis, le grand viaduc franchissant la vallée,
La Marne, en même temps ses îles et ses bras,
Complète le décor par sa belle envolée
Mieux que les bicoques d'en bas.
Nogent est couronné par une vieille église
Avec sa flèche en pierre, aimable monument

Où sont trois siècles d'art côte à côte, en franchise,
Vivant harmonieusement.

Ici mourut Watteau qui fut sous la régence
Le peintre des sujets champêtres, gracieux,
Travestis quelquefois, toujours pleins d'élégance.
Son buste est là devant nos yeux.
Du curé de Nogent, la joviale figure
Le charmait ; la trouvant digne d'attention,
Il l'avait fait entrer, à ce que l'on assure,
Dans mainte composition.
Sentant sa fin prochaine, il crut devoir tout dire,
S'en accusant auprès du curé de Nogent,
Lui demanda pardon : le bon curé de rire :
Il n'était pas intransigeant !

## Maisons-Laffitte.

Maisons-sur-Seine, un jour, à son nom fit faillite,
Grâce au rénovateur, monsieur Jacques Laffitte ;
Le célèbre banquier qui, seul, put acheter
Le parc et le château sans jamais s'endetter.
Du parc immense il fit une ville nouvelle
De villégiature, aussi riche que belle,
Et dont, assurément, le principal attrait
Est la proximité d'une belle forêt.

Le château, toujours là, monument historique,
Du dix-septième siècle ouvrage magnifique,
Fut bâti pour Longueil par le premier Mansart,
De cette belle époque un des maîtres de l'art.
On y doit remarquer la superbe ordonnance
Des façades, aussi leur sobre convenance,
Les deux grands pavillons aux angles, distancés,
Les motifs du milieu, le perron, les fossés,
Les terrasses, les toits, les hautes cheminées
De pierre se dressant, de sculptures ornées.
L'intérieur encor doit être visité :
D'abord la soi-disant salle à manger d'été
Dont il faut admirer l'allure magistrale ;
Le vestibule au droit de la porte centrale ;
Plusieurs salons, celui dit des Fêtes, surtout,
Dont le style du temps se retrouve partout ;
Les parquets, les caissons, les trumeaux, les sculptures,
Les décorations, les lambris, les peintures,
Enfin cet escalier, sa coupole en plafond,
Toutes créations d un art fort et fécond.

Maisons-Laffitte reste un séjour à la mode,
Le parc et la forêt la gardant d'un exode.
De Saint-Germain, elle a les proches horizons,
Près Sartrouville un pont vers Houilles et Bezons,
Un vaste champ de course, attraction certaine,

Et près du vieux Moulin les rives de la Seine.
Le château mis à part, il n'est qu'un monument
Digne ici de ce nom, élevé récemment,
C'est l'église conçue en style du douzième
Un peu modernisé, religieux quand même.
On ne peut que louer la composition,
Le parti-pris du tout et l'exécution.

## Le-Mesnil-le-Roi.

La Seine, en bas, est sa rivière.
Il est placé sur la lisière
De la forêt, à mi-chemin
Entre Maisons et Saint-Germain.
Vaulx et Carrières font partie
De la Commune, et la mairie,
Très modeste construction,
Est de bonne proportion.
Le village paraît tranquille,
En bon air et d'humeur facile.
Comme grande propriété,
Le château du Val est cité.
L'église est, dit-on, du seizième ;
Je n'y puis entrer. Du douzième
Semble être son clocher carré.
Mais tellement défiguré !

## Livry.

Un important pays, un vaste territoire
Meublé de cabanons des colons de Paris,
Où chacun vient trouver, après son Purgatoire,
Un Enfer ou le Paradis !

Au sommet du pays, pauvre église moderne,
Le parc et le château s'étalant à côté,
Par leur splendeur, semblent la rendre encor plus terne,
Et font valoir sa pauvreté.

De l'ancienne Abbaye de Livry, la chapelle,
Subsiste, replâtrée, et l'on n'y peut entrer ;
Ce qu'on voit au dehors en rien ne la rappelle :
Replâtrer, c'est défigurer.

De l'amiral Jacob j'admire la statue.
Il naquit à Tournay, puis mourut à Paris.
Pourquoi son souvenir ici se perpétue ?
Ma foi, non, je n'ai pas compris.

## Sevran.

Rien n'est à voir ici, le train seul m'y attarde,
Car, à peine arrivé, j'en veux déjà partir.
Une pauvre et mesquine église campagnarde,
Un pays ne pouvant laisser nul souvenir.
En attendant ce train, quatre heures et demie,
Franchissant le canal où quelques bateliers
Amarrent un bateau, je joins la Poudrerie,
Au bout d'un long chemin bordé de peupliers.

## Champigny.

Ici, la Marne, avec sa courbe pittoresque,
Semble vouloir encor retarder le moment,
Après avoir déjà tracé mainte arabesque,
D'arriver à son confluent.
Vers Champignolle, un pont va joindre la presqu'île
De Saint-Maur. Tout auprès, l'antre municipal
Avec sa tour carrée, horloge et campanile,
Vu de loin, n'est pas trop banal.
L'église date ici des treizième et seizième :
Nef avec bas-côtés, colonnes et piliers
Alternés, et doublant la travée elle-même
De ses deux arceaux réguliers.

Champigny ! ce ne fut qu'une hécatombe horrible :
C'était le deux décembre, et la neige couvrait
Le sol sous un ciel gris. Dès l'aube, un feu terrible
Sur toutes les lignes s'ouvrait.
La bataille dura toute cette journée ;
Les canons foudroyaient des bataillons entiers ;
Et, malgré les efforts d'une lutte acharnée,
Nos soldats tombaient par milliers.
Pendant deux jours, après, on dut creuser les fosses,
On enterra les morts... mais, tant de sang versé
Ne fit qu'exaspérer les appétits féroces
D'un envahisseur exercé.
Les hommes d'aujourd'hui se souviennent à peine
De ces temps douloureux ; ils étaient des enfants
Alors que sévissait, combien déjà lointaine !
Cette guerre... plus de trente ans.
Là, comme auparavant, on jette la semaille
Sans penser, en voyant le plateau florissant,
Que des héros obscurs tombés sous la mitraille
L'avaient fécondé de leur sang.

Sur le flanc du coteau rappelant la bataille,
S'étale un monument... de triomphe ?... hélas, non !
L'ossuaire... Ils sont là, héros de toute taille,
Plus de cinq mille, sans un nom.

On garde ici, trouvés sur le champ de bataille,
Lances, sabres, fusils, revolvers, pistolets,
De ces soldats d'alors meurtrière ferraille,
Aussi des casques, des plumets.
De Prusse, un général, en passant la frontière,
Avait prédit aux siens qu'il ne reviendrait pas :
Il avait emporté pour sa tombe une pierre,
Et Champigny vit son trépas.
Quatre cents officiers sont là, dans une case,
A côté d'un autel sanctifiant ce lieu,
Près duquel peut celui que la douleur écrase
S'agenouiller et prier Dieu.

## Le Grand-Tremblay.

Ce village du Grand-Tremblay
A coup sûr n'est ni grand, ni laid.
Ici, ni vallon, ni montagne,
Nous sommes en rase campagne
Dans la plaine ; un gentil ruisseau
Nous arrose, c'est la *Roide eau*.
Les siècles quinzième et seizième
Se montrent dans l'église même,
Aux voûtes de ses bas-côtés,
Ainsi qu'aux profils constatés.

Quant à ce château de la Queue,
Si j'eusse dû faire une lieue
Pour lui, je l'eusse regretté,
Parce qu'il n'en est rien resté ;
Une très simple maisonnette,
Ancienne déjà, mais proprette,
Occupe sa place, depuis,
A l'extrémité du pays.

## Villepinte.

Villepinte ! dans ma jeunesse
J'ai bien connu ce pays-là.
Touchant l'église que voilà
Était un château : sa détresse
M'obligeait à le réparer.
Il datait du temps d'Henri quatre,
Je me plaisais fort à m'esbattre
A toujours le mieux restaurer.
La pierre et la brique formaient
Sur sa façade un beau décor,
Mon souvenir me montre encor
Les deux tourelles qui l'ornaient.
Le château joignait autrefois
Une tribune dans l'église

Où, faut-il que je vous le dise,
Je n'ai mis les pieds qu'une fois !

Il reste à peine une parcelle
Du château, tronqué, raccourci,
Qui, disjoint de l'église aussi,
N'a conservé qu'une tourelle.
A la suite de ce lambeau,
On fit une belle bâtisse
Dont l'importance rapetisse
Le peu qui reste du château.
Là, pour trois cents pensionnaires,
La récente création,
Charitable fondation,
De jeunes filles poitrinaires.
Dans l'église, on indique à voir
La chaire et quelque boiserie
Du dix-septième et je parie
N'avoir rien vu, tant il fait noir.

## Claye-Souilly.

Claye est un chef-lieu de canton
De Seine-et-Marne, me dit-on.

L'aspect du bourg est agréable ;
Le canal toujours navigable,
Ici transporte à très bas prix
Ce qu'on amène de Paris.

Une longue rue, une place,
Deux châteaux, l'un visible en face,
L'autre, en un site plus heureux,
Est au milieu d'un parc ombreux :
Il a sa source artésienne
Donnant toujours, quoi qu'il advienne,
Des serres et des potagers,
Des espaliers et des vergers.
Nombreuses sont ses dépendances
Avec toutes leurs *circonstances*.
Celui-ci est le vrai château
De Claye, et surtout le plus beau.

Au bout du pays est l'église :
Il ne faut pas que j'en médise,
Pourtant, ce Louis quinze appauvri
Ne m'a jamais en rien souri ;
Dût cela vous sembler étrange,
J'en ferais une belle grange.
La chaire a ce galbe ventru
Dont le siècle était si féru.

Ma promenade est terminée ;
Une heure de cette journée
M'a suffi pour tout voir ici,
Y compris la rivière aussi,
Qu'on appelle la Biberonne.
Nul besoin n'est d'un cicerone
Pour visiter complètement
Tout ce pays, très lestement.

Souilly n'est qu'un petit village,
Dans un agreste paysage,
Tout près de Claye ; il en dépend,
Et jusqu'à la route s'étend.
Sa campagnarde et vieille église
Séduit par l'aspect de franchise
Que lui donnent sa pauvreté
Et son humble tranquillité.
On croirait à sa souquenille,
A ses contreforts en béquille,
A son clocheton pour falot,
Voir un mendiant de Callot.

## Mitry-Mory.

Mitry se trouve assis au milieu de la plaine,
Sur un plateau la dominant ;
Et la grande culture y règne en souveraine,
Comptant le reste pour néant.
Là, les fermes partout respirent la richesse,
Malgré tant de simplicité ;
Il semblerait que nul ne connaît la détresse,
La misère, la pauvreté.
La terre veut des bras, chacun y trouve place
Et peut en vivre largement.
Ici l'on a partout l'air, le calme, l'espace
Et le repos plus sûrement.

Au centre du pays, une place assez vaste
Contient l'église en son milieu.
Elle est d'aspect tranquille, accueillante, sans faste,
Mais importante pour le lieu.
Des quinzième et seizième, elle est intéressante
Avec ses doubles bas-côtés.
Le clocher, le portail, la voûte à clef pendante
Valent aussi d'être cités.

Mory n'est qu'un agreste et très petit village
D'un aspect rural renforcé ;
C'est là son charme à lui, c'est son seul apanage,
Il n'hérita rien du passé.

Mitry-Mory, salut ! et que le Ciel te garde
De connaître la vanité !
Conserve à ton pays son âme campagnarde,
Avec sa rustique beauté.

## Brie-sur-Marne.

Un assez pittoresque et souriant village
Au pied des coteaux de Villiers,
Sur la Marne, où le pont auprès des peupliers
Forme un aimable paysage.
La spéculation encore a dépecé
A Brie un antique domaine :
Regretter ce qui fut, réminiscence vaine !
Il faut oublier le passé.

Brie est encor rempli du seul nom de Daguerre,
La gloire de ce pays-ci,
Car il vécut à Brie, il y mourut aussi
Près de vingt ans avant la guerre.

Tout au fond de l'église, et semblant un relief,
Daguerre a peint en perspective
Un tableau figurant de façon décisive
Le prolongement de la nef.
Sur une place en bas, auprès de la rivière,
Son buste en bronze est élevé.
Poussant ma promenade au-delà, j'ai trouvé
Son tombeau dans le cimetière.

## Saint-Mandé.

Auprès de la porte du bois
Un séjour de petits bourgeois :
Des maisonnettes de campagne
Soi-disant, que seul accompagne
Un carré de fleurs par devant,
Ou quelque espalier décevant.
Une belle place plantée
Où la mairie est accotée.
Là, quelques vieux joueurs de boule
S'esbattent, attirant la foule
Des oisifs, des petits rentiers,
Des apprentis, des écoliers.
Auprès du bois, dans la verdure,
Coquette villégiature,

Maintes élégantes villas
Que mai parfume de lilas.

Le samedi, les justes noces
Du populaire en leurs carrosses.
Tapissières et chars-à-bancs,
Viennent au bois. Lancés, brillants,
Tous ces gens mettent pied à terre,
Car il faut qu'on se désaltère ;
On trime depuis le matin
En frac et chapeau de satin.
La belle-mère se désole,
Mais il faut pas moins qu'on rigole,
Attendant l'heure du dîner
On a le temps de promener.
Là, tout près, une brasserie
Dans le bois : la noce ahurie
S'y arrête, s'interpellant,
Mirlitonnant, gesticulant,
Et laissant là son équipage.
Un petit orchestre y fait rage,
Invitant chacun à danser ;
La valse va recommencer.
Mais, d'autres noces se succèdent
Derrière celles qui précèdent ;
Tout ce public entremêlé

N'en est nullement désolé,
Nullement, il semble, au contraire,
Que cela soit fait pour lui plaire,
Car, pour lui, c'est un aliment
De plus pour son amusement.
Sous des ombrages agréables
Autour, on a dressé des tables
Où, par groupes, les invités
Sitôt se sont précipités.
Les hommes graves délibèrent
Sur l'apéritif qu'ils préfèrent,
Tandis que les bocks et les vins
S'alignent devant leurs voisins.
Tous les racontars s'entrecroisent,
Et les matrones en dégoisent
Sur les incidents du matin,
Sur Noémi et sur Justin.
Pendant ce temps la contredanse
Bat son plein, et bientôt commence
La valse, dont l'accouplement
Se compose indifféremment
D'invités pris, comme au quadrille,
Aux noces de chaque famille.
L'entrain n'en est que plus ardent,
Et l'orchestre toujours strident
Reprend son appel en cadence

Aux fanatiques de la danse.
Les mariés transpireront
Bientôt, et, s'épongeant le front,
Se rafraîchiront à la table
Où leur famille respectable
S'ingurgite depuis tantôt
La limonade et le sirop.
On fait trinquer la mariée ;
Sa bonne mère l'a priée,
Mais en vain, de se modérer :
L'enfant veut se désaltérer.
Puis, chacun avec insistance
Lui réclame alors sa romance...
Mais, Noémi a mal au cœur :
Est-ce la valse ou la chaleur ?
Chacun autour d'elle s'empresse,
Maman prépare une compresse,
Et Justin, ému de pitié,
Transporte à couvert sa moitié ;
Alors les femmes la délacent,
Et sur un canapé la placent...
Après mainte hé... si... ta... tion...
Ce fut une indigestion !...
Pendant ce temps, l'heure s'avance,
On interrompt un peu la danse,
On propose d'aller plus loin,

Pour voir du bois quelque autre coin.
D'aucuns sont pour la promenade,
Quand, préférant la rigolade,
Ceux-là se trouvent mieux ici
Que de courir le bois ainsi.
Mais déjà, pourtant, quelques noces
Ont réintégré les carrosses,
Avec la pauvre mariée
Et sa toilette avariée.

Ce spectacle est divertissant,
Et vraiment très intéressant
Pour le promeneur qui contemple,
Sans nul parti-pris, cet exemple,
De sereine et franche gaîté
Du populaire en liberté.

## Vincennes.

Vincennes! je voudrais, abrégeant une fois,
Et c'est pour un auteur un droit imprescriptible,
Décrire en peu de mots, au complet, si possible,
Le Château, la Ville et le Bois.
Comme elle fut jadis, la vieille forteresse
Est toujours là debout, ferme, vaillante encor;

Les siècles ont paré de leur patine d'or
Sa hautaine et verte vieillesse.
Des luttes d'autrefois tout ici parle aux yeux :
Les deux portes, la tour, le haut donjon, l'enceinte,
La chapelle, un joyau qui conserve l'empreinte,
De deux siècles d'art précieux.
L'ensemble du château remonte au quatorzième,
Il faut en excepter les logis seulement
De la Reine et du Roi, qui sont complètement
Dus aux débuts du dix-septième.
Ce donjon invaincu, si fier de son passé,
Devint, après l'éclat de ses temps héroïques,
Prison d'État, témoin de crimes politiques,
Inoublieux du sang versé.

La ville n'offre rien de vraiment remarquable,
Hors son hôtel de ville élevé récemment
Sur le cours Marigny qui reste assurément
Une promenade agréable.
Là, sur son piédestal, le bronze d'un soldat :
C'est *La Jambe de bois*, Daumesnil qui, tenace,
Refuse aux alliés de leur livrer la place,
En les défiant au combat.
L'église de partout sent son dix-huit cent trente;
Et l'ancienne mairie en style néo-grec

Est de quarante-huit : c'est mesquin, froid et sec,
Et d'une maigreur désolante.

La transformation pittoresque du bois
Était une artistique et savante besogne
Qui, comme celle aussi faite au bois de Boulogne,
Date de Napoléon trois.
Il faut voir les beaux lacs perdus dans la verdure,
Les Minimes surtout, celui de Saint-Mandé,
Si vrais d'aspect tous deux, qu'en vain j'ai décidé
Que cet art était la nature.
En cet endroit jadis recouvert de forêts,
Est une pyramide à l'emplacement même
Où saint Louis, sous un chêne et ceint du diadème,
Rendait au peuple ses arrêts.

## Fontenay-sous-Bois.

La villégiature aimable
Se rencontre ici quelquefois,
Car le voisinage du bois
Présente un charme véritable.
Quant au village, il est propret,
En bon air : son église même,
Qui date des quinze et seizième,

N'est pas sans certain intérêt :
Une des choses principales
A voir, un curieux travail,
Est, dans l'abside, un vieux vitrail,
Les *Trois Vertus théologales*.

## Limours.

Que peut-on faire en ce méchant canton ?
Vite me dira-t-on.
Y visiter l'église du seizième ;
Ogivale quand même ;
Voir ses vitraux par un peintre verrier
Du roi François premier ;
Se promener dans le bois à mi-côte
A deux, et côte à côte ;
Y respirer le parfum du sapin
Au soleil du matin ;
Puis, déjeuner au *Sabot Rouge*, en ville,
N'être pas difficile.
Et regagner, de son voyage épris,
Le chemin de Paris ;
Ou mieux, aller, si la journée est sûre,
A Forges, en voiture.

## Forges-les-Bains.

Il ne faut pas confondre avec Forges-les-Eaux.
Forges-les-Bains, au pied de modestes coteaux,
Est proche de Limours. L'église du seizième
Est petite, et possède un clocher du treizième...
Du dix-septième, on voit les restes d'un château
Qui ne fut, j'imagine, oncques, ni grand, ni beau.
Dans le bas du pays, l'Assistance publique
A cet hospice qui, fondation laïque,
Des deux sexes contient près de trois cents enfants
Malades, orphelins, et de huit à seize ans.
Les plus grands ont l'ouvroir pour les métiers pratiques,
Menuisiers, serruriers. Puis, pour les soins physiques,
D'hydrothérapie est un établissement
Qu'alimente une source assez abondamment,
Et dont l'eau, pour les bains refoulée, a, je gage,
Motivé le surnom de ce petit village.

## Longjumeau.

Que dirai-je de Longjumeau,
Ne connaissant pas son histoire ?
Son postillon, c'est là sa gloire,
Il était si jeune et si beau !

Au-devant de l'hôtel de ville
Se dresse un petit monument,
Une fontaine simplement,
Quel édifice plus utile !
Dans cet œuvre d'édilité
Assez vulgaire, la Commune
Vit l'occasion opportune
Pour marquer sa célébrité.
Manquant d'un grand homme ordinaire
Chez elle ayant droit de cité,
Elle trompa sa vanité
Par le Postillon légendaire.
Le Postillon a donc été
Placé là, debout, l'air aimable,
Dans l'attitude désirable
Gentiment au socle accoté.
En bronze il est, comme le buste
D'Adam, l'auteur de l'opéra.
Cet ensemble toujours aura
Le succès, et ce sera juste.

Il faut aussi voir en passant
L'église datant du quinzième,
Avec un clocher du treizième.
Le portail très intéressant.

## Gonesse.

Tout en haut du pays, nous porterons nos pas,
Si vous voulez bien, n'est-ce pas ?
Là vous verrez, datant des douzième et treizième,
L'église encor belle, quand même,
Monument historique à l'ensemble puissant,
Et de tous points intéressant ;
Et ce, malgré les mains trop souvent malhabiles
Et à s'admirer trop faciles,
Qui, sous prétexte vain de restaurations,
N'ont fait que mutilations.
La nef et son pourtour sont vraiment admirables,
Les triforiums remarquables,
Et le portail aussi sobre que sérieux,
Par ses tourelles, curieux.
La Renaissance fit l'orgue dont les peintures
Ne le cèdent point aux sculptures.

Gonesse est situé, d'un bout à l'autre bout,
Sur la rive droite du Croud,
Courant de l'est à l'ouest au flanc d'une colline,
D'un coteau plutôt, j'imagine,
S'étalant au midi. L'air est salubre ici,
Tandis qu'il n'en est pas ainsi

Dans cet autre quartier, en bas, que l'on appelle
Saint-Nicolas. Je me rappelle,
Certain jour, y avoir moi-même constaté
Une très grande humidité.
De Gonesse, autrefois, la plus grande industrie
Fut longtemps la boulangerie.
Les puits artésiens se rencontrent partout
Ici, mis à profit ; surtout
Pour la culture, aussi pour les raffineries,
Qu'on appelle mieux sucreries.
Somme toute, Gonesse est laid, sans agrément.
Et ne me plairait nullement.
Je termine en notant, pour ne pas être injuste,
Qu'ici naquit Philippe-Auguste.

## Villaines.

Aux confins d'un pays de plaines,
Près Belloy se trouve Villaines.
Ce village au milieu des champs
Ne compte pas cent habitants.
Son église est une chapelle
Bien pauvre, hélas ! n'ayant pour elle
Qu'un sanctuaire encor debout,
Du quatorzième, et c'est là tout ;

De deux chapiteaux la sculpture
Brisée est sa seule parure.

## Villiers-le-Sec.

De Villaines, suivant la route de Mareil,
On rencontre Villiers qui n'est pas sans pareil.
Son église datant de la fin du seizième
N'en montre rien pourtant à l'extérieur même.
Elle comprend deux nefs de semblable largeur,
Offrant également une même hauteur.
En ligne entre les deux, colonnes ioniques,
Des voûtes recevant les nervures gothiques.

## Mareil-en-France.

Beau village, couvrant une haute colline
D'où s'étend sous ses yeux la plaine qu'il domine,
Peu peuplé néanmoins, et ne pouvant pourtant
Par sa position devenir important.
Belle église datant de la fin du seizième,
Air de famille avec le Mesnil-Aubry même;
Moins belle cependant : quelques additions,
Certains remaniements et reconstructions.

Le clocher, le portail et un rétable en pierre
Datent de Louis quatorze en médiocre manière.
La nef est enfermée entre les bas-côtés
Régnant tout au pourtour, et richement voûtée.
A l'intérieur est un lutrin magnifique
De figures orné, pièce vraiment unique
Du dix-septième siècle. En outre, en bois sculpté,
Grandeur demi-nature, et à cheval monté,
Un saint Martin coupant du glaive son manteau,
Un objet d'art ancien plus curieux que beau.

## Châtenay.

Village ayant cent habitants à peine,
Sur le chemin de Mareil à Puiseux,
En belle vue et dominant la plaine,
C'est Châtenay, site délicieux.
Petite église, offrant du dix-huitième
Un spécimen qu'on peut apprécier,
Car il est vrai, c'est du Louis seize même
Et de la fin, on ne peut le nier.

## Puiseux.

Non loin de Châtenay, ce très ancien village
N'a gardé d'autrefois nuls traits particuliers.
L'histoire nous apprend qu'il fut des Templiers
Une Commanderie, au cours du moyen âge.
Puiseux, s'il fut jadis un village important,
Ne présente aujourd'hui qu'un aspect très vulgaire,
L'église replâtrée est sans nul caractère,
Malgré l'ancienneté qu'elle accuse pourtant.

## Fontenay-les-Louvres.

Au pied de hauts coteaux et voisin de la plaine,
Ce très ancien village au pittoresque aspect
Conserve un monument que l'on connaît à peine,
Et dont trois siècles d'art imposent le respect :
Son église datant des douzième et treizième,
Où le seizième aussi, plus souple et plus riant,
Intervient à son tour, et, pour rester lui-même,
Rajeunit le concert par son accord brillant.
Elle a trois nefs avec un déambulatoire,
Ses bas-côtés compris le chœur seul est voûté,

Et l'époque romane, à défaut de l'Histoire,
Par sa charpente à nu, dit son antiquité.
Le portail est à voir, et le vieux clocher même
D'une flèche d'ardoise après coup surmonté ;
Puis, à l'intérieur, et datant du quinzième,
Dans le chœur, sur deux rangs, stalles en bois sculpté.

## Le Mesnil-Aubry.

Ce gros village au milieu de la plaine
Est à cheval sur la route d'Amiens.
Il a chez lui, merveille chère aux siens,
Un pur joyau de grâce souveraine ;
C'est son église, édifice important,
Datant de la troisième Renaissance ;
Plein de grandeur et de noble élégance,
D'art précieux d'un effet éclatant.
Il faut d'abord sentir la hardiesse
Et de la nef et des collatéraux
Si largement éclairés et si hauts ;
Et puis encore admirer la richesse
De ce portail, ensemble curieux :
Surtout, enfin, ces voûtes compliquées
Dont le dessin aux lignes variées
D'un charme exquis vient captiver les yeux.

## Attainville.

Quand, d'une rampe au milieu du village
On a gravi les antiques degrés,
Pensant jouir là-haut d'un paysage
Offrant aux yeux quelques coins ignorés,
On est devant le portail de l'église
Qui, sur un tertre, auprès du champ sacré
Comme jadis, aujourd'hui reste assise,
Près d'elle ayant la maison du curé.
Le monument de la fin du seizième,
Tout d'une pièce, assez intéressant,
Offre un clocher en terrasse, lui-même
Aussi mérite un coup d'œil en passant.

## Villeparisis.

Par le bois, de la gare, un très joli chemin
Me conduit au pays. Quoi qu'en dise le guide,
Nul château n'est ici, pas plus que sur la main.
Sur la route de Metz, un village insipide !
Je n'y reviendrai pas demain.

## Chantilly.

Chantilly ! nom fameux, quasi-royal domaine,
Bien digne d'abriter une cour souveraine.
Toi, que Montmorency d'abord avait fondé,
Et qui, plus tard, passant aux mains du grand Condé,
Transformé par ses soins, ses travaux, sa dépense,
Devins cette actuelle et grande résidence.
Toi, dont d'Aumale étant des Condés l'héritier,
Enrichit, restaura le domaine princier,
Et, pour qu'il échappât à toute déchéance,
Le laissa par un legs à l'Institut de France.
O Chantilly, joyau serti par les aînés,
Permets à l'humble auteur de ces *Instantanés*
De pénétrer ici, donne-lui la licence
De dire tes beautés et ta magnificence.

Par le petit château qu'on nommait Châtelet
Ou Capitainerie, abordons, s'il vous plaît ;
Il est le plus âgé, ce sera plus honnête.
Traversons donc le lac formé par la Nonette,
La petite rivière aimable dont les eaux
Baignent tranquillement le pied des deux châteaux.
Il fut édifié par le grand Connétable,
Et, comme Ecouen, reste une œuvre remarquable

De ce grand architecte appelé Jean Bullant
Dont Catherine mit à profit le talent
A Saint-Maur, à Soissons et même aux Tuileries,
Où ses inventions n'étaient jamais taries.
C'est dans le Châtelet qu'est actuellement
Tout le particulier de chaque appartement.
On peut de là gagner le grand château lui-même
Par un vaste escalier que, comme un diadème,
Vient couronner la rampe en fer forgé, poli,
D'un travail délicat, moderne et trop joli.
Mais pour voir le château, prenons la grande porte,
Car c'est là, tout d'abord, que le public se porte;
Et, si le Châtelet, au début, m'allait mieux,
C'était uniquement pour faire honneur aux vieux.

Traversant le canal où la carpe frétille,
Sur un pont qui se trouve en face de la grille,
On la franchit. A droite est le château d'Enghien,
A gauche, le Château ; puis au milieu, plus rien.
C'est l'esplanade, en rampe, un assez vaste espace
Sur le sommet duquel on a trouvé la place
D'ériger la statue équestre que voici :
C'est le grand Anne qui, duc de Montmorency,
A créé Chantilly, c'est le grand Connétable !
Et ce bronze vivant, dans sa pose admirable,
Semble se diriger vers cet ancien château.

Qu'après lui Condé fit et si vaste, et si beau,
Pour contempler aussi les nouvelles merveilles,
Les reconstructions, richesses sans pareilles,
Que d'Aumale entreprit, depuis, sur ce sommet
Où put se déployer le talent de Daumet.
Nous passons tout d'abord sous la porte d'entrée
Qui, de Fontainebleau, me paraît inspirée.
On ne peut s'y tromper, c'est, sans prétention,
De la Porte Dauphine une imitation.
A gauche, nous verrons la charman techapelle ;
Là, plus qu'ailleurs aussi, l'occasion fut-elle
D'employer d'Ecouen ces objets d'art si beaux :
L'autel de Jean Goujon, les lambris, les vitraux.
Mais, traversons la cour : voici le vestibule,
Et le grand escalier par où l'on déambule
Pour aller voir en bas, dans le petit château,
Les chambres, les salons dont un dernier fort beau,
Dit des Singes. De là, remontant, le musée
Appelé des Condés ; tout auprès, exposée,
La suite des tableaux montrant complètement
Les hauts faits de monsieur le Prince, simplement.
Puis, la salle à manger dite la galerie
Des Cerfs. A voir surtout la grande galerie
De peinture, où partout l'œil se trouve arrêté,
Et la belle rotonde à son extrémité.
Une bibliothèque, œuvre d'art elle-même,

Et deux collections de maîtres du seizième
D'une grande valeur, des Giotto, des Clouet;
De gemmes et d'émaux un riche cabinet;
La salle de Psyché, puis des miniatures,
Des armes, des cartons, des dessins, des gravures,
Des vitraux d'Ecouen, des médailles encor,
Mille autres objets d'art plus précieux que l'or.
Mais, je m'arrête, car, pour tout ici décrire,
Les pages qu'il faudrait, je ne saurais le dire.

Alors, continuons dehors la promenade,
En reportant nos pas sur la même esplanade
D'où nous apercevons le beau jardin français
Avec les grands degrés qui lui donnent accès.
Gittard a décoré l'ouvrage de figures
De fleuves, de bassins, de niches, de sculptures;
Ici, l'art du grand siècle est tout épanoui,
Toujours majestueux et d'un charme inouï.
De Le Nôtre voici le superbe parterre,
C'est le jardin français d'un si grand caractère.
Les eaux de la Nonette, et puis le grand canal
Dont Versailles alors était l'original.
Ici, le jeu de paume : autrefois animée,
Cette salle, aujourd'hui, conserve de l'armée
De Condé des drapeaux, la tente de l'Emir
Abd-El-Kader, déjà bien ancien souvenir;

Le gala somptueux des princiers équipages,
De l'histoire évoquant quelques lointaines pages.
Au bout de l'Esplanade est le château d'Enghien
Qui, comme intérêt d'art, n'offre absolument rien.
Il date seulement de fin du dix-huitième,
Et servait à loger tout le personnel même
Des officiers d'abord, aussi des invités,
Aux fêtes, chasses et autres solennités.
Dans le parc, le Hameau, c'est en miniature
Un semblant de village à l'agreste structure,
La rivière, un moulin : du Petit Trianon
Un pastiche, ce qui lui valut son renom.
Dans le parc il faut voir la Maison de Sylvie
Où Théophile, un jour, put abriter sa vie.
Ce fut à Chantilly, dans un jour de malheur,
Que Vatel, ne pouvant survivre au déshonneur,
Préféra se tuer, l'âme désespérée
De ne point voir à temps arriver la marée.

Sur la pelouse à droite, en sortant du château,
Non loin du champ de course et si vaste et si beau,
S'étend un bâtiment de superbe ordonnance
Dont la construction date de la Régence :
C'est l'écurie, immense en ses proportions ;
Il en faut admirer les dispositions :
La rotonde centrale avec une fontaine,

Un manège imposant et d'allure hautaine.
Par derrière, les cours, remises et chenils,
Puis à l'extrémité, la Porte Saint-Denis,
Ensemble réussi de belle architecture
Due à Aubert, et dont Bridault fit la sculpture.

A la Ville, donnons un coup d'œil en passant :
Proprette, bien percée et rien d'intéressant.
Son église pourtant de fin du dix-septième,
Trois nefs, portail muet, au dedans, aux murs même,
Un décor qui fut fait il y a cinquante ans
Pour les cœurs des Condés et de leurs descendants.
A bon droit, Chantilly, si fier de sa dentelle
Dont la renommée est encore universelle,
A de sa porcelaine, arrêtant le produit,
Laissé le soin à Creil d'en récolter le fruit.

Vous quittez Chantilly? ne partez pas si vite
Sans faire à la forêt une courte visite;
Elle mérite bien qu'on gaspille le temps,
Quand elle a revêtu son habit de printemps
Parfumé, verdoyant, c'est alors qu'elle est belle.
Vous y verrez surtout les étangs de Commelle
Qu'on aperçoit au loin des monts environnants,
Des clairières parfois, et des sous-bois charmants
Où l'oiseau fait son nid en chantant sur la branche,

Et ce petit château, dit de la Reine Blanche,
Qui du manoir d'antan est un lointain écho
Rebâti dans un style ogival-rococo.

## Vaujours.

Sur la route de Metz, j'arrive au Vert-Galant,
Un hameau; sur ma droite est un chemin allant
Presque directement, et en quelques minutes,
A Vaujours, un pays accidenté de buttes
Et de vaux, d'où son nom. Sur le haut d'un coteau
Son église, et le fort au sommet du plateau.
Des ravins imprévus, des trous, des fondrières,
Des excavations de gypse, des carrières.
Sur le flanc verdoyant d'un riant mamelon,
L'ancien château depuis Ecole Fénelon.
Près de cinq cents enfants là trouvent un asile,
Jusqu'au jour où, bientôt, dans leur haine imbécile,
Les bandits au pouvoir auront ici porté
Leurs attentats au Christ et à la liberté.

## Bouqueval.

Un très petit village, au milieu de la plaine,
Où de maisons l'on peut compter une douzaine,
Car la ferme s'étale ici, dominant tout,
    Occupant la place partout.
Elle enserre l'église avec le presbytère,
Leur laissant chichement ce petit coin de terre
Où, du douzième, on voit quelques restes d'arceaux,
    De colonnes, de chapiteaux.

## Le Plessis-Gassot.

Village dans la plaine et de mince envergure,
Grosses fermes surtout, grand pays de culture,
Eglise du seizième à trois nefs, et portail
Qui, du Mesnil-Aubry, rappelle le détail,
Mais bien moins important et de moindre figure,
Car le temps a déjà ruiné sa parure.

## Goussainville.

C'est un pittoresque village
Touchant la plaine d'un côté,
De l'autre assez accidenté,
Avec un joli paysage.
Des moulins, au bord d'un ruisseau
Courant au milieu de prairies
Luxuriantes et fleuries,
Au pied d'un verdoyant coteau.

L'église remonte au seizième.
Le clocher de Montmorency
S'est inspiré de celui-ci,
S'il n'est absolument le même.
Au maître-autel, on m'a montré
Du seizième un rétable en pierre
Dont l'église doit être fière :
C'est bien l'avis de son curé !

## Le Thillay.

Entre Goussainville et Gonesse,
Le village est sur le coteau.

Une grosse ferme, un château
Lui donnent un air de richesse.

Le château serait beau, dit-on,
Mais je ne puis voir sa figure,
Perdu qu'il est dans la verdure
D'un parc aussi grand qu'un canton.

L'église date du seizième,
Et, quoique en très médiocre état,
Présente, malgré ce constat,
Pourtant quelque intérêt quand même.

## Gagny.

Une grande et grosse commune
Sise à quelques pas du Raincy,
Dont le plâtre fit la fortune,
C'est Gagny.
Elle est d'un aspect prosaïque,
Bourgeoise, propre et sans attrait;
Suffisamment ainsi j'indique
Son portrait.
L'église est, dit-on, du treizième,
Mais le tout est défiguré;

Au dedans, comme au dehors même,
Replâtré.

Ici, la villégiature
Sévit tout autant qu'au Raincy ;
Je n'y suis que par aventure,
Dieu merci !

## Le Raincy.

Ici, jadis, était un château magnifique
Qui, du commencement du grand siècle, datait,
Avant l'éclosion de cet art emphatique
Que le Roi-Soleil apportait.

Tout autour du château, selon l'accoutumance,
Un grand jardin français avait été planté,
Qui, transformé, devint, par mode et convenance,
Ce parc que Delille a chanté.

De tout cela, plus rien! un siècle prosaïque
A partout imposé ses égoïstes lois,
Détruisant, dans un but qu'il appelle pratique,
Toutes ces splendeurs d'autrefois.

Le Raincy de nos jours, abdiquant son domaine,
Percé de boulevards, morcelé, dépecé,
Est devenu commune, et s'étale sans gêne
Sur les ruines du passé.

Un canton infesté de villégiature
Endémique, serrée, ordonnée avec soin,
Où le Parisien demande à la nature
Le repos dont il a besoin.

## Montfermeil.

Tu m'apparais sur l'horizon vermeil,
Village heureux, en ta simple manière,
Dont Paul de Kock a chanté la laitière.
Sur ton coteau regardant le soleil,
La forêt vient t'encadrer de verdure,
Et le destin complète ta parure
Du joli nom de Montfermeil.

## Courtry.

Sis au pied d'un léger coteau,
Il est tout en long dans la plaine,
N'a nulle prétention vaine
A se faire passer pour beau.

## Coubron.

Village situé par delà la forêt
De Bondy, tout au bas d'une côte rapide.
Ce voisinage est bien pour lui le seul attrait,
Car, sans cette forêt, il serait insipide.

## Clichy-en-L'Aunoy.

La forêt de Bondy de ce petit village
Est l'accompagnement. Il se trouve planté
Sur un sommet; de là, chaque propriété
Jouit d'un charmant paysage.
A quelques pas plus loin, dans la pleine forêt,
On trouve une chapelle auprès d'une fontaine

Dont l'eau fraîche, limpide et jamais incertaine,
Est un perpétuel attrait.
C'est la chapelle de Notre-Dame-des-Anges.
Une légende, un jour, la fit édifier,
Et chaque année, on voit des pèlerins prier
En ce lieu, la Vierge et les Anges.

## Noisy-le-Grand.

Le village est placé tout en haut d'un coteau
Qui domine la Marne et, joignant la rivière,
Est le parc verdoyant d'un moderne château
Dont la façade accuse assez noble manière.

En descendant, je vois un beau clocher roman
Dont la très vieille église est dans le cimetière:
J'aime à retrouver là cet usage d'antan,
Les tombes entourant le lieu de la prière.

Monument historique, il faudra visiter
Cette église datant des douzième et treizième,
Ce que je n'ai pas pu *de visu* constater,
Tout se trouvant fermé, par défiance extrême.

## Villiers-sur-Marne.

Que de pays portent ce nom !
On ne pourrait s'y reconnaître,
Si chacun d'eux ne savait être
Accompagné de son surnom.

Villiers-*Mahieu*, Villiers-*le-Bel*,
Villiers-*aux-Bois*, Villiers-*aux-Plaines*,
Villiers-*aux-Choux*, Villiers-*aux-Chênes*,
Villiers-*le-Roux*, Villiers... un tel.

Et tant d'autres comme ceux-là
Dont on ne sait la raison d'être,
Qui, pourtant, tiennent à paraître
Villiers ceci, Villiers cela.

Villiers-*sur-Marne* est celui-ci ;
Il lui fallait bien un prétexte,
Mais ne vous fiez pas au texte,
Car la Marne n'est pas ici.

## Neuilly-sur-Marne.

Rien à voir ici qu'une église
Datant de la transition ;
De petite proportion,
Mais qui mérite attention,
Permettez que je vous le dise.
Le portail en est restauré,
Mais on voit qu'une main habile
A su restituer, subtile,
Ce que l'homme souvent mutile,
Ou que le temps a dévoré.

Non loin, l'Assistance publique
Possède un établissement
Contenant, dit-on, simplement,
Deux mille lits en ce moment ;
Mais établissement laïque,
L'hospice de la Ville-Evrard.
On y soigne l'alcoolique,
Le gâteux, le neurasthénique.
C'est en bon air et magnifique :
On n'est mieux, dit-on, nulle part.

### Gournay (S.-et-O.).

Comme nom c'est la Normandie,
C'est la Manche ou le Calvados ;
Ce Gournay leur tourne le dos,
De Seine-et-Oise il fait partie.

Un village en miniature
Sur la Marne, frais et coquet,
Par la prairie et le bosquet
Partout encadré de verdure.

Ce petit coin me semble unique
De calme et de tranquillité.
J'aime cette simplicité
De son petit clocher rustique.

### Emerainville.

Un chemin plat comme un parquet
Bordé de prés verts, d'un bosquet,
Me mène à l'église coquette
De cette commune proprette

Qui n'a nulle prétention
De captiver l'attention ;
Pas même au hameau, j'imagine,
De la Malnoue, une ruine.

## Pontault-Combault.

Pontault jadis tout seul était Pontault,
Et son voisin Combault était Combault.
Chacun alors était une commune ;
  Aujourd'hui, les deux n'en font qu'une.
Pontault paraît être un joli pays ;
Sa belle place, un haut clocher, et puis
Un clair ruisseau. Son église elle-même
  Date des treize et quatorzième.
C'est le chef-lieu, Combault est le hameau,
Bien plus petit, dans la plaine, et moins beau ;
Il a pourtant, agissant à sa guise
  En cela, gardé son église.

## La Queue-en-Brie.

Assez pittoresque commune
Sur un ruisseau dit le Morbras.

Mais l'église, mode importune,
Est fermée, et je n'entre pas.
Elle me semble un bloc informe
Avec son clocher dérasé.
Vis-à-vis, la ruine énorme
D'un donjon dès longtemps rasé.

## Noiseau.

Un petit coin bien calme et bien tranquille.
Ici, l'on a vite oublié la ville,
Près d'un grand parc, loin des moindres échos,
  C'est le silence et le repos.
Il est midi bientôt: le soleil darde,
Et par devant l'église campagnarde
Que vient ombrer le massif des tilleuls,
  Un chien et moi, nous sommes seuls.

## Ormesson.

Quand Chennevières j'ai quitté
Pour prendre la droite avenue,
Chemin plutôt d'ormes planté,
J'arrive à son extrémité
Que traverse une route nue.

Alors, franchissant un ponceau,
Sous un ombrage séculaire,
Je descends l'allée en coteau,
Et crois percevoir un château
Vaporeux et plein de mystère.

Hérissée en combles aigus
Que surmonte la girouette,
M'apparaît en détails diffus
D'un ensemble encore confus
La grandiose silhouette.

C'est Ormesson, c'est le château
D'époque bientôt légendaire,
Sis à mi-côte du plateau,
Emergeant du milieu de l'eau
D'un lac voulu rectangulaire.

Deux ponts lui livrent un accès.
Que dire de l'architecture ?
C'est le grand siècle en plein succès
Qui bâtit un jardin français,
N'empruntant rien à la nature.

Dédaignant le ruisseau d'en bas,
Le lac superbe d'arrogance

Ira jeter dans le Morbras
Le surplus qu'il n'emploiera pas
De l'eau dont il a l'abondance.

Qu'est-il encore à voir ici
Ou d'intéressant ou d'utile ?
D'abord, l'église que voici,
Datant de Louis seize, et aussi
Des tuberculeux un asile.

## Chennevières-sur-Marne.

Tout au sommet d'un promontoire,
Chennevières reste grimpé
Comme sur le faîte escarpé
D'un naturel observatoire.
La Marne serpente à ses pieds,
Venant former cette presqu'île,
Entre Charenton et Joinville,
Que chérissent les canotiers.
La vue au loin est étendue :
De Paris, chaque monument
Apparaît instantanément,
Quand le soleil perce la nue.

## Vaires.

Vaires me semblerait cet endroit écarté
Où de flâner en paix on a la liberté,
L'escale désirée où, marin d'aventure,
Le canotier voudra manger une friture.
En un coin de la place on voit un restaurant
D'un assez bon aspect, sinon de premier rang,
Où j'entends, en passant, quelques voix féminines
Aux gros rires mêler leurs notes assassines.
C'est gai ! La Marne est là, ni trop loin, ni trop près ;
Le canot amarré, muni de ses agrès,
Les attend, patient, pour les bercer encore
Au flot vert-de-grisé que le soleil dévore.

## Pomponne.

Un kilomètre de Lagny.
Bordant la route est là l'église
Où je voudrais entrer : nenni !
C'est toujours la même bêtise ;
Il fallait peut-être avec soin
Voir cet intérieur gothique,

Mais le presbytère est trop loin
Pour chercher cette clef... bernique!

J'ai le bien lointain souvenir
D'un certain *Curé de Pomponne,*
Une chanson qui dut sortir
Du Caveau, mais, ici, personne
Encor n'a pu me renseigner.
J'y pense trop tard, car, peut-être,
Le curé m'aurait pu donner
Quelques détails sur son ancêtre.

## Brou.

C'est entre Chelles et Pomponne
Qu'on rencontre ce petit trou.
Malgré la peine qu'il se donne,
Il reste Brou!
C'est un accident sur la route,
Où le charretier boit un coup :
C'est bien quelque chose, sans doute,
Mais c'est là tout!

## Chelles.

Chelles n'est aujourd'hui qu'une petite ville
Oublieuse de son passé ;
Et, si son abbaye est célèbre entre mille,
Elle ne nous a rien laissé,
Non, rien, pas même une ruine.
Et ce palais des rois dont on sait vaguement
Peut-être encore l'origine,
Qui pourra nous dire où fut son emplacement?
Dans un jardin privé l'on montre une colonne :
Là, Chilpéric tomba frappé
Par Frédégonde qui, sanguinaire et félonne,
Avec Landry l'avait trompé.
Dans le milieu du cimetière,
Tout en haut du pays, sur un tertre élevé
Et dominant la ville entière,
Est l'église d'un ordre assez peu relevé :
On y voit du roman broché de dix-huitième ;
Des reliques de bon aloi
Venant de l'abbaye, et dans leur châsse même,
Avec le chef de saint Eloi.

## Bagnoles-de-l'Orne.

Ce pays, surnommé la Suisse normande,
Est un très petit coin, mais c'est un coin charmant,
Pittoresque à l'excès. Vraiment on se demande
S'il n'est pas par erreur dans ce département,
Ou s'il n'a pas quitté la chaîne de montagnes,
Sa famille, où peut-être il était le dernier,
Pour venir s'installer dans ces plates campagnes
Qu'il étonne, assuré d'être ici le premier.

Au malade il fournit ses sources bienfaisantes,
Le parfum des sapins de ses bois verdoyants,
L'aspect de ses coteaux aux roches surprenantes,
Et son étroit vallon aux gazons chatoyants.
Et quand d'un parc immense aux flancs de la colline,
Des sentiers escarpés on fait l'ascension,
On rencontre un abri d'où l'œil partout domine
Les alentours, nommé *la Respiration.*

De ces hauteurs du parc au-dessus du village,
On a là, sous les yeux, tout l'établissement
Dont on peut distinguer à travers le feuillage
L'ensemble et le détail de chaque bâtiment :

De Desnos, Lemâchoix, Cerny, la Gondinière,
La chapelle à mi-côte, en bas la Roche au Chien :
Puis la Née, un torrent plutôt qu'une rivière,
Que le Chemin du Dante accompagne si bien.

A contempler : le lac et la forêt d'Andaine ;
A voir : le nouveau parc, les chalets, le Foncier ;
De saint Ortaire aussi, visiter la fontaine,
Et sa vieille chapelle au hameau du Bézier.
Avec bien d'autres noms, la chronique normande
A transmis jusqu'à nous l'histoire de ce saint ;
Et la tradition nous fournit la légende
Des deux rocs en aiguille et du Vieux Capucin.

## Tessé-la-Madeleine.

Quinze cents mètres en montant :
De Bagnoles en un instant
On arrive, mais haletant.
Sur une éminence en vedette,
Au milieu d'une place nette,
La petite église proprette.
Une assez bonne auberge est là ;
Aux alentours mainte villa,
Javin, notamment, que voilà.
D'être à Tessé l'on se console,

Car l'omnibus vous dégringole
En quelques bonds jusqu'à Bagnole.

## Tessé-Froulay.

Au delà de la Madeleine
Qui se trouve sur le plateau,
A trois kilomètres à peine,
Au plein midi, sur un coteau,
Et dominant au loin la plaine,
Je rencontre Tessé-Froulay :
Une position sereine
Dont la tranquillité me plaît.

## Couterne.

Le poète Frotté, qui fut le chancelier
De Marguerite de Navarre,
Eut ici son château, pour l'époque peu rare,
Mais subsistant presque en entier.
Comme au temps d'Henri quatre, il est de brique et pierre,
Mais renouvelé trop souvent.
Une belle avenue, eaux vives au devant,
Qui valent plus qu'une rivière.

Le bourg est situé tout près du confluent
De la Née et de la Mayenne,
Qui, là, demeure encor la rivière moyenne,
Avec un si maigre affluent.
Peu d'instants suffiront pour explorer Couterne ;
Son église ne compte pas,
Et pour la remplacer se dresse à quelques pas
L'église ogivale moderne.
Pourtant, un sarcophage en granit et sculpté
Servant de cuve baptismale,
Du quinzième datant, belle œuvre sculpturale,
Dans la vieille église est resté.

## Lignou.

Ce petit village est placé
Entre Couterne et la Ferté-Macé.
Son église éloignée est dans un cimetière,
Recueillie, ombragée, évoquant la prière,
C'est Notre-Dame-de-Lignou.
Une légende nous apprend
Qu'ici, jadis, partout l'émoi fut grand,
Quand on fit dans le bois la trouvaille pieuse
De l'antique statue alors miraculeuse
De Notre-Dame-de-Lignou.

Du malade, du malheureux,
Ici, la Vierge exaucera les vœux ;
Et dans les environs, du plus lointain village,
Les fidèles croyants vont en pèlerinage
A Notre-Dame-de-Lignou.

Il faudra voir par le détail
L'inscription, d'un curieux travail,
Qui recouvre, en relief, la croix hosannière
Du dix-septième siècle, ornant le cimetière
De Notre-Dame-de-Lignou.

## Antoigny.

Petit village propret,
Mais dépourvu d'intérêt.
Pourtant venez-y quand même :
Avec un plaisir extrême,
Vous verrez tout à côté
Un beau site accidenté,
Aux vallonnements sauvages.
Ces imprévus paysages,
Dont le charme est infini,

Sont les gorges d'Antoigny
Un lac de belle envergure,
Auprès d'une filature
Qui paraît n'avoir souci
Du pittoresque d'ici.
Voici la forêt d'Andaine :
Par ce sylvestre domaine,
Il vous faudra retourner
A Bagnoles, pour dîner.

## La Ferté-Macé.

Un chef-lieu d'arrondissement ;
Deux mille habitants, seulement.
Par contre, les manufactures,
Les usines, les filatures
Meublent leurs nombreux ateliers
De plus de dix mille ouvriers.

Une église moderne à deux flèches de pierre,
En un style roman d'un certain caractère.
L'emploi de matériaux dans tout le monument,
Blanc et rouge alternés, diagonalement,
Hurle trop, et brisant la ligne à son passage,
Distrait l'œil ahuri par autant de tapage.

Il se peut que, mettant son empreinte partout,
Le temps, par sa patine, harmonise le tout.

## Juvigny-sous-Andaine.

C'est un petit canton d'agréable apparence,
Et bien ensoleillé, sis sur une éminence.
Eglise en bon état, datant certainement
Du dix-neuvième siècle et du commencement.
Dépendant d'une ferme, on voit dans la cour même,
La margelle d'un puits remontant au seizième,
Un phare et une tour dite de Bonvouloir,
Ce qui reste aujourd'hui de l'antique manoir.

## La Chapelle-Moche.

Non loin de Juvigny, ce village est, dit-on,
Plus imposant et plus peuplé que le canton.
Grandissant, il s'est fait, pour qu'elle lui suffise
Plus longtemps, une belle et grandiose église,
D'un bon style roman, à trois nefs et clocher,
Colonnes de granit qu'à Vire il vint chercher.

On montre au cimetière une grande chapelle :
Il faudrait visiter l'intérieur d'icelle,
De peintures, dit-on, entièrement garni.
A remarquer encore aux tombes de granit,
Que les inscriptions, au lieu d'être gravées,
Sont toutes en relief sur le fond enlevées.

## Domfront.

Sur une montagne, campé
A deux cents mètres d'altitude,
Domfront garde, par habitude,
Encore à son flanc escarpé
Des débris de tours, des murailles,
Les ruines de son passé ;
Le souvenir non effacé
Des vieilles luttes, des batailles.

A l'ouest, un amoncellement
De rocs surmonte la tranchée
Dite : de Domfront la Trouée,
Qui l'isolait complètement.
En ligne de cette Trouée,
Dit-on, observant avec soin,
Le mont Saint-Michel est au loin
Enveloppé dans la buée.

Domfront est la vieille cité :
La rue étroite et montueuse,
Sans alignement, tortueuse,
C'est son originalité.
Une promenade agréable,
Sur les ruines du château,
Montre partout de ce plateau
Au loin une vue admirable.

Hôtel de Ville et tribunal
Sont des édifices modernes,
Comme architecture fort ternes,
Et d'un aspect triste et banal.
Une église en la ville même
Se trouve placée au sommet,
Mais elle est sans nul intérêt,
Quoique datant du dix-huitième.

Hors la ville, au bas du coteau,
Près la rivière la Varenne,
A voir l'église très ancienne
Dite Notre-Dame-sur-l'Eau ;
Elle date du siècle onzième,
Clocher central d'effet puissant,
Autel en pierre intéressant,
Et tombeau d'un duc de Belleyme.

## Alençon.

La Sarthe traverse la ville;
Elle est sale et n'a ni courant,
Ni quais, ce qui rend difficile
D'écumer le flot odorant.
L'hôtel de ville est sur la place
Où se trouvent le tribunal
Et la prison, portant la trace
De l'ancien château féodal;
Et de ses deux tours, la Briante
Baigne le pied, sans pressentir
Qu'elle s'en va presque bruyante
A la Sarthe, pour s'endormir.

Rue Saint-Blaise, la Préfecture
Possède un bel et vaste hôtel,
Brique et pierre, d'architecture
Du dix-septième, encor tel quel.
Un parc superbe est par derrière;
Une promenade à côté
Bien plantée et triangulaire,
Offrant de l'ombre tout l'été.

A la Halle aux Grains en rotonde,
On reconnaît ce qui fut pris
A la grande coupole ronde
De la Halle aux Blés de Paris.

A tout rechercher je m'exerce :
Je puis remarquer en passant,
Dans le tribunal de commerce,
Du dix-septième intéressant.
On a beau vouloir aller vite,
Il faut s'informer pour savoir
Ce qui demande une visite.
Plusieurs églises sont à voir :
Montsort moderne m'a quand même
D'un bon style roman semblé.
Saint-Léonard est du quinzième,
A triforium simulé.

L'église Notre-Dame montre
L'art du quinzième flamboyant ;
Au portail surtout se rencontre
L'éclat de ce style brillant.
L'intérieur est remarquable,
Mais il n'y faut pas oublier
Une chaire en pierre admirable
Qui date de François premier.

L'artiste, auteur de la merveille,
Pour un crime devait mourir;
Il dut à l'œuvre sans pareille
La grâce de ne pas périr.

## Tours.

C'est sur sa rive droite et auprès de la Loire
Que vient s'étaler Tours, majestueusement.
La ville vieille, en bas, a gardé son histoire,
Et, par le haut, poursuit son développement.

Dans sa direction, l'artère principale
S'en va du nord au sud, prenant naissance au pont,
Coupe la ville en deux, est rue Nationale,
Puis devient jusqu'au Cher le boulevard Grammont.

En montant à droite est le Palais de Justice,
Sur une place vaste et qui porte ce nom :
C'est un très important et classique édifice
Qui, trop sage, n'obtint, comme art, aucun renom.

A gauche est un nouvel et grand Hôtel de Ville,
Edifice pompeux élevé récemment
Qui, remplaçant l'ancien qu'on a su rendre utile,
De la bibliothèque a pris l'emplacement.

Sur la place, statue à Balzac élevée.
Là, tout près, il faut voir la décoration
De la nouvelle gare à peu près achevée,
Curieuse surtout de composition.

Voir encor l'hôtel Gouin, de la fin du quinzième,
Parvenu jusqu'à nous dans son état complet ;
Une fontaine aussi de cette époque même,
Place du Vieux-Marché, d'un très grand intérêt.

Là, de vieilles maisons et de bois et de pierre,
Des quinzième et seizième ; et, plus bas, descendant,
La maison de Tristan, avec la cordelière
Qu'on retrouve partout : un symbole parlant.

Il est ici plus d'une église remarquable,
D'abord la Cathédrale ; on aperçoit ses tours :
C'est Saint-Gatien. Ce nom qu'elle a pris pour vocable
Est celui du premier des évêques de Tours.

Sa construction date en entier du quinzième :
Beau portail, haute nef, triforium vitré ;
Quelques tombeaux à voir dans l'intérieur même :
Comme ensemble, un très bel édifice sacré.

Vis-à-vis, dans un square, une page d'histoire
Qui relève l'honneur du pays tourangeau,

Un petit monument consacrant la mémoire
Des trois docteurs : Velpeau, Trousseau et Bretonneau.

La tour de Charlemagne, et celle plus antique
Dite de Saint-Martin, constituent de nos jours
Ce qui rappelle encor l'ancienne basilique
De ce grand saint Martin, le vieux patron de Tours.

Mais Tours a reconstruit une autre basilique
D'un style approprié romano-byzantin
A coupole, à la fois et sobre et magnifique
Où, dans la crypte, est le tombeau de saint Martin.

En outre, il faut citer des douzième et treizième,
D'abord Saint-Julien, puis Saint-Pierre-des-Corps,
Saint-Etienne, moderne, Saint-Saturnin, quinzième,
Avec son beau portail, puis bien d'autres encor.

J'en dirais bien plus long, ramassant les miettes,
Mais de Tours c'est assez parler, n'est-il pas vrai ?
Il faut citer pourtant : les pruneaux, les rillettes,
Et puis la Maison Mame et le vin de Vouvray.

## Poitiers.

La ville est située en haut d'une colline
Que le Boivre et le Clain bordent sur trois côtés.
Sur le front opposé, du rempart la courtine
De bastions flanquée à ses extrémités.

Poitiers est sans commerce et sans nulle industrie;
L'école, le couvent, la méditation
Trouvent ici le calme: on travaille et l'on prie;
C'est la ville d'étude et de religion.

Au milieu de la ville, une place assez belle,
La place d'Armes, et, à son extrémité,
L'Hôtel de Ville qui, par ses lignes, rappelle
Le grand siècle qu'il a maigrement imité.

En face est une rue ; au bout, la Préfecture
Que l'on atteint bientôt après quelque cent pas.
Derrière, son grand parc dont on voit la verdure
Descendre le coteau jusqu'à la Boivre, en bas.

Près de la place on voit l'église Saint-Porchaire
Du treizième, à deux nefs ; son clocher, son portail
Curieux, du onzième. Au dedans, une chaire
Du dix-septième, en chêne, et d'un joli travail.

Non loin sont un Théâtre, un Palais de Justice
Du dix-neuvième siècle et sans nul intérêt;
Mais il faut visiter ce dernier édifice
Où, de Poitiers, peut-être, est le plus grand attrait.

C'est cette grande salle aux parlottes bavardes
Dite des Pas-Perdus qui, de l'ancien palais
Des comtes de Poitiers fut la Salle des Gardes,
Où, du quinzième, l'art jette tous ses reflets.

Il y faut admirer la triple cheminée
Qui de la salle entière occupe la largeur,
Ses gaines au-dessus, et la verrière ornée
De meneaux gracieux de toute la hauteur.

La décoration des murs est imposante :
Colonnes et arceaux d'un sérieux aspect;
Des voûtes la nervure est légère et puissante,
Et l'ensemble produit un grandiose effet.

Les églises ici sont en assez grand nombre,
Fort belles très souvent, et, sans en dire trop,
Peu d'entre elles devront rester dans la pénombre;
De chacune, à peu près, je dirai donc un mot,

D'abord l'église de Notre-Dame-la-Grande
Du douzième, à trois nefs : un bijou, c'est certain.

Je ne vois rien ailleurs de semblable qui rende
L'effet de ce portail romano-byzantin.

La Cathédrale ici, dédiée à saint Pierre,
Des treize et quatorzième, a deux collatéraux ;
La façade, d'allure aussi grande qu'altière,
Date du quatorzième. Au chœur, de beaux vitraux.

Puis, Sainte-Radegonde, église du douzième.
Ici, le pèlerin vient prier, en passant
Sous l'antique tombeau de la sainte, lui-même
Conservé dans la crypte et d'aspect saisissant.

Saint-Hilaire ! Abadie à l'église a su faire
Un portail, empruntant son beau style roman.
Edifice charmant où tout est fait pour plaire,
Plein d'intérêt, surtout curieux comme plan.

Saint-Jean-du-Moustier-Neuf, église qui nous montre
Des restes du passé de diverse valeur,
Même le dix-septième en dernier s'y rencontre ;
Le onzième survit dans l'abside et le chœur.

Je n'ai pu visiter l'antique baptistère
De Saint-Jean, de Poitiers la curiosité,
Du quatrième siècle : on prétend lui refaire,
En le renouvelant, une virginité.

La grande promenade est au bout de la ville,
Du côté du midi, sur le haut du rempart,
Et s'appelle Blossac ; un ombrage tranquille
Assez grand pour qu'on puisse y rêver à l'écart.

Si des choses à voir j'ai passé quelques-unes ;
Faubourg Saint-Saturnin, je signale avec soin
Ce colosse d'airain, Notre-Dame-des-Dunes
Qui domine la ville et la campagne, au loin.

## Ligugé.

Le Clain, pittoresque rivière,
Et très poissonneuse aussi,
Passe ici.
On y voyait un monastère
De l'ordre de Saint-Benoît,
A bon droit.

Il est fermé comme les autres,
On se demande pourquoi ?
C'est la loi.
Alors, les pauvres saints apôtres

Iront mendier leur pain,
Dès demain.

Voyez, près du couvent, l'église ;
Du Louis douze, assurément,
Oui, vraiment.
En outre, il faut que je vous dise :
L'oratoire que voilà,
Oui, c'est là.

Oui, c'est là, l'histoire est certaine,
Qu'en sa cellule, un matin,
Saint Martin
Ressuscite un catéchumène,
Près de lui s'agenouillant,
Et priant.

## Saint-Benoît.

Ce village se trouve en la belle vallée
Qu'arrose encore ici la rivière du Clain.
Un viaduc superbe en sa belle envolée
La coupe, en y jetant le cri strident du train.

On voit à Saint-Benoît d'un ancien monastère
Les restes toujours beaux que le temps a meurtris.
Une église romane avec sa flèche en pierre,
Une porte, et du cloître encor quelques débris.

## Angoulême.

La ville est située en haut d'une colline ;
En tunnel, au-dessous, la ligne de Bordeaux.
L'Anguienne et la Charente en bas, qu'elle domine,
Viennent se réunir en confondant leurs eaux.

Nous logeons à l'Hôtel de France, et c'est là même
Qu'existait, paraît-il, sur cet emplacement,
La maison où naquit, à la fin du seizième,
Balzac, l'épistolier, qu'on connaît faiblement.

Devant nous est la Halle, édifice qui passe
Dans son genre, du moins, pour le mieux entendu ;
Et derrière l'hôtel, un jardin en terrasse
Ombré, d'où l'on jouit d'un coup d'œil étendu.

La Halle est à l'endroit où fut la Citadelle ;
Plus loin, quelques restants des anciens murs sapés,

Et puis enfin Beaulieu, promenade fort belle,
Retenant la verdure à ses flancs escarpés.

L'Hôtel de Ville fut construit par Abadie
En un style roman, ce qui n'est pas banal :
Ligne un peu sèche, mais tentative hardie,
Sans aucun précédent, effet original.

La Tour de Lusignan, la Tour de Marguerite
S'y ajoutent ainsi que l'hôtel primitif,
Formant tout un ensemble important qui mérite
D'attirer du passant un regard attentif.

Dans un square attenant, au milieu d'un parterre,
Par la ville élevé, se dresse un monument
Aux soldats charentais tués pendant la guerre,
Evoquant des pensers de deuil et de tourment.

Non loin, de Marguerite apparaît la statue.
Princesse de Valois, sœur de François premier,
Elle est née en la tour dont le nom perpétue
Encore un souvenir qu'on ne peut oublier.

La Cathédrale fut dédiée à saint Pierre :
Un édifice œuvré d'un roman précieux,
Deux flèches au portail, grande tour par derrière,
Et coupole centrale, en tous points curieux.

Abadie a construit dans tout ce diocèse
Mainte église romane avec l'art le plus fin;
Il en est deux ici qu'on revoit avec aise,
Ce sont celles de Saint-Ausone et Saint-Martin.

On trouve encor de ci, de là, quelque édifice
Qu'on ne peut noter, plus ou moins intéressant :
Une église moderne, un palais de justice,
La cour d'une maison qu'on peut voir en passant.

Puis le quartier du Parc, avec la Préfecture,
Quartier neuf où l'on voit, pour tout dire d'un mot,
Quelques hôtels d'une moderne architecture,
Avec le monument du Président Carnot.

## Biarritz.

Son beau ciel, son climat, la mer et ses rochers,
La mode, l'étranger, le chic, le confortable
Ont fait de Biarritz, station délectable,
    Un séjour des plus recherchés.
C'est la ville aujourd'hui toute cosmopolite ;
Il y a bien, de ci de là, quelques Français,
Mais ce que l'on y voit d'Espagnols et d'Anglais,
    Surtout, c'est vraiment insolite

Au surplus, ces Anglais, on les trouve partout :
Au bateau sur le lac, au Righi, sur la plage,
En wagon, à l'hôtel où des miss de tout âge
Réclament le thé, avant tout.
Partout ils sont chez eux, et ne saluent personne.
Seuls parlant haut à table ; ne leur parlez jamais,
Ils ne répondent pas : *aoh, shocking !* Anglais ;
Morgue britannique et saxonne.

Oh, ces Anglais !... Ici, les villas, les chalets
Sont très nombreux, de diverse nature,
Il en est quelques-uns très beaux comme structure,
Il en est aussi de fort laids.
Mais chacun a gardé son propre caractère :
L'Anglais a dans son spleen pris le style Tudor,
Et l'Espagnol pimpant a choisi le décor
Soufflé, pompeux et rastaquouère.

D'avoir ainsi la mer et les rochers chez eux,
Et de voir s'installer chaque jour sur leurs plages
Les riches étrangers venus de tous parages,
Les Biarotes sont heureux.
Les touristes n'ont pas leurs villas de plaisance,
Ils devront à l'hôtel chercher un logement ;
S'ils sont nombreux, surtout, très difficilement
Ils y trouveront leur aisance.

Ils ont le Grand-Hôtel et l'Hôtel du Palais
Qui, sous l'empire, fut demeure impériale,
Ou le Continental, et mainte succursale.
Puis, encombrés par les Anglais,
L'Hôtel Victoria et l'Hôtel d'Angleterre ;
Pour eux le *British-Club*, toujours style Tudor
En carton découpé, puis leurs temples encor
Dont ils couvrent toute la terre.

J'aime mieux voir le Môle et ses rochers si beaux :
La Roche de la Vierge et la Roche percée ;
Par le flot a langui la grève caressée,
Le Petit-Port et ses bateaux ;
Des ruines là-haut de l'ancien sémaphore,
Contempler à mes pieds, sous le soleil brillant,
Les plages et la mer, paysage riant,
Y revenir demain encore.

Ne partez pas sans voir la plus belle villa
Sise auprès du vieux port, en avant de la plage
Des Basques, sur un roc pittoresque et sauvage,
On l'appelle villa Belza.
Et le parc du Helder, et le Bois de Boulogne,
La Place Bellevue, en face de la mer,
Et puis le B A B, petit chemin de fer
Entre Biarritz et Bayonne.

## Bayonne.

L'Adour, un fleuve ici, vient recevoir la Nive,
Et sur ce confluent Bayonne, à chaque rive
Des deux rivières, a planté ses trois quartiers,
Par des ponts entre eux reliés.
Port et place de guerre, il faut voir son enceinte,
Ses portes, son Réduit qui conservent l'empreinte
Du siècle du grand roi ; sa citadelle encor
Complète le guerrier décor.
Sur la Nive, le grand et le petit Bayonne,
C'est le Père et le Fils, la troisième personne
Se trouve au bout du pont sur l'Adour, qui conduit
Au quartier dit du Saint-Esprit.

Voyons ça : tout d'abord et sans aller trop vite,
Du grand Bayonne il nous faut faire une visite.
Ici la Cathédrale au portail mutilé,
Qui du treizième m'a semblé ;
Pourtant, de cette époque elle n'est pas entière,
On y voit le quinzième, et ses flèches de pierre
Sont modernes aussi ; ses trois nefs, son transept
Sont encor de quelque intérêt.
Les restes conservés d'un cloître du treizième,
Le tombeau qu'il contient datant du quatorzième,

Comme cela se voit habituellement,
Sont au midi du monument.

Un cippe, près de là, se dresse à la mémoire
De deux concitoyens qui périrent sans gloire ;
Rêveurs, de liberté trop follement épris,
En dix-huit cent trente à Paris.
Et, pour glorifier leurs rêves chimériques,
La ville a gravé là quelques mots emphatiques,
Vieux clichés rebattus, grotesques à la fois,
Pour faire la leçon aux rois.

Voici le Château-Vieux ; à son air de famille
J'en fais une prison, il semble une Bastille
A ses machicoulis, ses créneaux, ses sept tours,
Et leurs point aimables atours.
Place d'Armes se dresse un énorme édifice,
D'arcades décoré, qui rend plus d'un service,
Car il est le Théâtre, et la Mairie aussi
Se loge avec la Douane ici.
On voit bien des maisons ou de bois ou de pierre,
Des seize et dix-septième, ayant un caractère,
Un aspect pittoresque avec leurs toits saillants,
Ainsi qu'aux pays castillans.
Le soleil darde ici comme dans les Espagnes :
Le goût du sang versé traverse les montagnes ;

Et la foule affolée acclame le taureau
Ou, selon le cas, son bourreau.

Dans le petit Bayonne est une église unique,
Saint-André du treizième, et son récent portail
Est bien de même style. A l'église on donna
Une Assomption de Bonnat.
Remarquons sur le quai de la Galoperie
Bordant la Nive, et rue de la Tonnellerie,
Quelques vieilles maisons. Aux arcades du bas
Le passant va porter ses pas.

De ce pays déjà si beau, si remarquable,
Il nous faut avant tout citer le sexe aimable,
N'admettant nullement que le plus grand renom
De Bayonne soit le jambon.
Sur le pont de l'Adour passe la Bayonnaise
Allant au Saint-Esprit, on la voit tout à l'aise :
Elle a l'œil noir, brillant, la ligne et le maintien ;
Elle est belle, elle le sait bien.

## Fontarabie.

Il n'est plus ici de montagne :
Traversant la Bidassoa,
Abordons le Guipuzcoa,
Pour fouler le sol de l'Espagne.

C'est ici Fuentarabia :
Ses vieilles murailles, sa porte
Dont le hautain fronton supporte
Les fières armes que voilà.

Sur la colline elle est assise
Nonchalamment, et se mirant
Dans l'eau du fleuve où le courant
Hache son image indécise.

Des balcons, des toits débordants,
Sur deux rues étroites, ombreuses,
Des maisons mornes, ténébreuses,
Où sommeillent les habitants.

Car il est l'heure de la sieste,
Mais chacun se lève bientôt

Pour aller applaudir tantôt
Du Toréador le beau geste.

Et quand le spectacle a pris fin,
S'il n'a point souci d'amourette,
Tout en fumant sa cigarette,
Chacun rêve de Charles-Quint.

C'est la vieille ville espagnole
Toujours fière de son passé,
Montrant, ruiné, délaissé,
Le château de Jeanne la Folle ;

Son église, l'Assomption,
A Notre-Dame dédiée,
Au quatorzième édifiée,
Si l'on croit la tradition.

A l'intérieur, la sculpture
S'étale avec profusion,
C'est une décoration
Éblouissante de dorure.

C'est le dix-huitième au début,
Espagnol, plein de redondance.
Boursouflé, ronflant à outrance,
Un art qui dépasse le but.

## Hendaye.

Le pied dans la Bidassoa,
Fontarabie en face et la côte d'Espagne,
A l'horizon au loin, l'aspect de la montagne,
Puis l'Océan rugissant là.

L'église à voir quelques instants :
Sur trois côtés règnent trois rangs de galeries
Dans la hauteur, en bois, de balustres garnies,
Costume basque du vieux temps.

## Saint-Jean-de-Luz.

C'était jadis l'ancienne capitale
De ce pays basque français ;
Elle jouit, station hivernale,
Du plus légitime succès.

Elle vaut bien, vraiment, d'être vantée ;
C'est le rêve des doux climats,
Un ciel clément, une plage abritée
De l'aquilon et des frimas.

Là, tout auprès, ces belles Pyrénées,
La verdure, les hauts sommets
Que l'on pourrait contempler des journées
Sans se satisfaire jamais.

La haute mer où le pêcheur navigue
Eût déjà couvert le pays,
S'il n'eût été protégé par la digue
Qui donne aux bateaux leurs abris.

Ici, l'église à saint Jean dédiée,
Est avec tribunes en bois
A balustrades, en outre planchéyée;
La mode basque d'autrefois.

Le Bourg, enfin, intéressant lui-même,
Offre aux touristes et aux chercheurs
Quelques maisons des quinze et dix-septième,
En pierre et bois, non sans valeur.

## Pau.

Du Béarn autrefois Pau fut la capitale ;
Sis sur une hauteur aux horizons sereins,
Le Gave est à ses pieds et devant lui s'étale
Le vert panorama des monts pyrénéens.

Là se voit un château remontant au seizième
Qui trop souvent changea de destination;
Mutilé chaque fois, intéressant quand même,
Malgré ce qu'a créé sa rénovation.

Là naquit Henri quatre ; on y retrouve encore
Sa chambre et son berceau, et de Jeanne d'Albret
L'appartement aussi, bien nu, que seul décore
Son pieux souvenir que l'on quitte à regret.

Au sommet de la ville est la place en terrasse,
Dite Place Royale, offrant du Béarnais
Une statue en marbre, avec la dédicace :
*Aoü nouste Henric*, touchante à tout jamais.

Bernadotte et Bosquet sont nés dans cette ville ;
Du roi de Suède on montre encore la maison,

Et, place de Grammont, fièrement se profile
De Bosquet la statue en bronze, son blason.

Deux églises se voient, en style du treizième,
Modernes cependant, Saint-Jacques, Saint-Martin,
Avec flèches en pierre ; et dans ce style même,
D'un couvent la chapelle attendant son destin.

En outre, Pau demeure une ville agréable,
Gaie et bien exposée. Un climat tempéré,
L'air pur de la montagne, un paysage aimable
Découpant ses contours sur un ciel azuré.

## Jurançon.

Quittant Pau, notre voiture
Nous promène à l'aventure :
Nous passons sous le ponceau
Qui joint le parc au château,
Puis, par le pont sur le Gave,
Nous arrivons sans entrave
Au pays de Jurançon,
Agréable à sa façon.

Une église de village
Moderne, avec grand tapage

Et quelque prétention,
Fit sa décoration ;
Car tout couvert de peintures,
Bien plutôt d'enluminures,
L'intérieur s'est montré
A nous par trop décoré.
On nous dit dans l'entourage
Que ce décor est l'ouvrage
Des artistes du château,
Dans leurs temps perdus, à Pau.

Jurançon se recommande,
Surtout à la gent gourmande,
Par ses vins rouges et blancs
Qu'il faut payer vieux trois francs,
Si l'on prend à la bouteille,
Du vin corsé la merveille,
Qu'on ne peut boire en été
Sans quelque témérité.
Sa nourrice, à la naissance
Du Béarnais, fit, j'y pense,
Boire au tout jeune garçon
De ce vin de Jurançon.

## Lourdes.

Ce nom seul à Marie appelle une prière,
Car elle règne ici. Lourdes peut être fière
D'avoir été choisie, entre tant d'autres lieux,
Pour recevoir les dons de la reine des cieux.
C'est là que, plusieurs fois, à l'enfant appelée
Bernadette, apparut la Vierge immaculée,
Dans la grotte où l'on vit sitôt après surgir
La source qui devait guérir.

Le bruit s'en répandit, par la foule étonnée
Bernadette venait toujours accompagnée.
Elle seule voyait la Vierge et l'écoutait,
Puis à chacun après, aussitôt, répétait
Ce qu'avait prononcé la voix surnaturelle :
« La Dame », dit l'enfant, « demande une chapelle
« A cette place même où l'on devra prier,
« Afin de se sanctifier. »

Tout en haut de la grotte, et sur le roc assise,
On bâtit à Marie une superbe église.
En outre des degrés qu'on peut avoir gravis,
Deux rampes sur arceaux accèdent au parvis ;

Puis entre elles, en bas, sur un plan circulaire,
On a construit encor l'église du Rosaire,
Un ensemble à la fois sévère et séduisant,
Au milieu d'un site imposant.

En avant, les jardins, les pelouses, le Gave.
Là, quelques pèlerins à l'attitude grave
S'installent pour manger, absorbant dans un coin
Le contenu frugal qu'ils sortent avec soin
D'un sac, ou d'un panier, arrosant leur pitance
De l'eau prise à la source en cette circonstance.
Et, à défaut d'auberge, ils auront là, ce soir,
Un abri pour les recevoir.

Admirez des croyants l'édifiant spectacle :
Ils viennent implorer de la Vierge un miracle
Pour le soulagement, ou pour la guérison
De maux dont la science ignore la raison.
Ce sont là d'incessants et grands pèlerinages,
Arrivant chaque jour des plus lointains rivages,
Et de France, et d'Europe, amenant par wagons
Leurs malades, leurs moribonds.

On se rend à la grotte où se font des prières ;
Les malades y sont portés sur des civières.
Après le chapelet, est bientôt entonné,
Avec les bras en croix, le *Parce, Domine*.

Là, jour et nuit, devant la Vierge immaculée,
L'illumination toujours renouvelée
Des cierges que chacun allume, et va poser
En donnant au roc un baiser.

Le malade est porté plus tard à la piscine,
Implorant, épuisé, l'assistance divine,
Et, fiévreux, haletant quand on l'y a plongé,
Il en sort quelquefois, de son mal soulagé.
Pour lui, les pèlerins entonnent un cantique,
Ce pendant qu'au Rosaire et à la Basilique,
De minuit à midi, des messes tour à tour
Se succéderont, chaque jour.

Voici trois heures, et bientôt chaque malade
Est par les brancardiers porté sur l'Esplanade
En avant du Rosaire, où, du Saint-Sacrement
La procession va passer dans un moment...
La voici, déroulant sa longue théorie
De cierges allumés, et d'une voix nourrie
Chantant l'*Adoremus in ete-e-ernum*
*Sanctissimum sacramentum.*

Ce chant est répété par la foule fidèle.
Sous son dais incarnat l'ostensoir étincelle,
S'avançant lentement au cri redit par tous :

« *Seigneur, fils de David, ayez pitié de nous !*
« O Seigneur, de bonté source jamais tarie,
« *Dites une parole, et je serai guérie !* »
Et chacun voit passer le très saint Sacrement,
Agenouillé pieusement.

Il interrompt pourtant sa sainte promenade,
Se portant au brancard où gît chaque malade ;
Et l'on voit quelquefois, se dressant, celui-ci
A peine soutenu, suivre le dais aussi.
Rempli de foi, chacun est témoin du miracle ;
Alors, devant un si prodigieux spectacle,
Les pleurs tombent des yeux, et l'on crie : « *Hosannah*
« *Au fils de David, hosannah !* »

Le soir venu, sur la terrasse du Rosaire
On chante le Credo ; sinon, vers le Calvaire,
Dans la montagne, on suit une procession,
S'arrêtant pour prier à chaque station,
Les cierges allumés, en chantant des cantiques.
Ce sont pour les croyants des scènes magnifiques,
Qu'ils n'oublieront jamais même dans leurs vieux ans,
Et malgré l'orage des temps.

Après de tels tableaux, que dirai-je de Lourdes
Qui ne doive frapper que des oreilles sourdes ?

Retomber sur la terre étant si près du ciel !
Nul, ici bas, n'échappe à ce destin cruel.
Allez donc voir ici la maison paternelle
De Bernadette ; aussi, quelques souvenirs d'elle
A l'hôpital; en ville encore, n'importe où,
On retrouve des Soubirous.

Ancien petit canton des Hautes-Pyrénées,
Lourdes a quadruplé depuis quarante années ;
Depuis que de si loin ici, par tous les trains,
Viennent par an plus de cent mille pèlerins.
La ville est divisée en deux par la montagne
Qu'à son sommet étroit un vieux fort accompagne.
Au bas, le Lapacca, torrentueux cours d'eau,
Se déverse au Gave de Pau.

Le pittoresque ici réside en la nature,
Et non dans la cité de moderne figure.
On y doit héberger d'abord le pèlerin,
Et pour ce, l'hôtelier demeure souverain.
Il faut, pour se loger, n'être pas difficile,
Se contenter de ce qu'on trouve dans la ville
Comme hôtel ou villa : *Credo, Mater Dei,*
Car presque tout est envahi.

## Bétharram.

*Beth Arram* (beau rameau), commune de Lestelle,
Vierge miraculeuse ancienne, et attirant
Dès longtemps de nombreux pèlerins : on l'appelle
Notre-Dame de Bétharram.
L'église, près du Gave, entre Lourdes et Pau,
Est richement ornée, et son trésor, je pense,
Est à voir. Elle accuse à son portail fort beau
La quatrième Renaissance.
Près du pont, sur le Gave, un petit séminaire
De quatre cents enfants, un collège en honneur
Dans ce pays, tenu jusqu'aux jours d'arbitraire
Par les Pères du Sacré-Cœur.
Gravissant la montagne on voit à Bétharram
Un magnifique et très pittoresque Calvaire
Dont chaque station est d'un style roman
D'un très varié caractère.

## Vallangoujard.

Au sommet du pays est une vieille église
Au revers d'une butte, assise,
Par l'ancien cimetière à son flanc endormi,

Vivante, enterrée à demi.
Quelques tombes sont là, béantes, envahies
De hautes herbes et d'orties ;
Et une croix de fer sur les ronces chéant,
Rouillée, évoque le néant.

Mézières, le hameau sis dans le voisinage,
Jadis un florissant village,
Possédait une église où la construction
Accuse la transition.
En ruine aujourd'hui, ses voûtes à nervure
Montrent encor sa structure.
Et, triste, abandonnée, elle va lentement
A son anéantissement.

## Tarbes.

Tarbes est dans la plaine, arrosé par l'Adour,
Souvent à sec l'été dans son grand lit de sable;
Fournissant néanmoins toute l'eau souhaitable
Pour largement laver les ruisseaux chaque jour.
Des maisons qui, souvent, n'ont pas plus d'un étage;
A part quelques soldats traversant la cité,
Personne dans la rue, une tranquillité
Lui donnant l'air d'un grand village.

Nous logeons à l'hôtel sis place Maubourguet,
Dit des Ambassadeurs ; sa fraîche cour plantée
Où l'on peut déjeuner est par nous fort goûtée,
Par ces temps de chaleur, et vaut mieux qu'un bosquet.
Tarbes est le pays de la cavalerie,
De ces haras, meublés d'étalons précieux,
Et l'on doit admirer, dit-on, ses spacieux
Et beaux quartiers d'artillerie.

Les monuments ne sont pas très nombreux ici :
J'aperçois tout d'abord, au milieu de la halle,
La nouvelle fontaine assez monumentale,
Quoique encore sans eau, d'un effet réussi.
Une église moderne, aussi quelques chapelles
Dans des styles divers, empruntés au passé
Mal connu trop souvent, parfois outrepassé ;
Je ne m'étendrai pas sur elles.

Une église pourtant nous réclame un arrêt :
Sainte-Thérèse qui, des douze et quatorzième,
Possède un beau clocher remontant au douzième,
Et dont la flèche en pierre est digne d'intérêt.
Sainte-Anne-de-la-Sède est une cathédrale
D'un Louis quinze à la fois grandiose et mesquin ;
Un très beau maître-autel avec son baldaquin
Est ici l'œuvre principale.

On voit une statue élevée à Larrey,
Un enfant du pays, sur la place centrale
De la promenade dite Nationale.
La grande attraction est le jardin Massey,
Un parc ainsi que peu de villes en possèdent,
Etendu, très soigné, plein d'ombrages et d'eaux,
De pelouses, de fleurs, d'arbres rares et beaux
Dont les espèces se succèdent.

On a transporté de Saint-Sevin de Rostan
Et reconstruit ici, datant du quatorzième,
Tout un cloître très beau d'un intérêt extrême;
Il est carré, comptant dix arcades par pan,
Quarante pour le tout, très richement ornées
Par les beaux chapiteaux partout historiés
Qui surmontent les fûts de marbres variés
Des colonnettes géminées.

## Figeac.

Figeac est sis au flanc d'une colline,
Et le Célé, la rivière voisine,
Que son vieux pont franchit tranquillement,
A ses pieds coule lentement.
Antique ville aux étroites ruelles,
Vieilles maisons, quelques-unes d'entre elles

Offrant encor, tout pittoresque à part,
L'intérêt d'art.

Du quatorzième, ici, sont deux églises
Dans la cité diversement assises :
Saint-Sauveur est en bas ; sur le sommet
Le Puy, les deux sans intérêt.
A la dernière une abside romane ;
Et du treizième, auprès, encore émane
Le beau débris d'un cloître disparu,
Déjà féru.

Saint-Sauveur fut église abbatiale ;
On voit auprès la rue Ortobadiale :
De l'abbaye était là le jardin,
Ce patois est fait de latin.
Débouchant sur une petite place
Est une sale, étroite et sombre impasse.
Ici naquit d'Egypte le lion,
Champollion.

Figeac étant mon pays d'origine,
Il m'a semblé, je rêvais, j'imagine,
Retrouver là, par le temps effacé,
Quelque souvenir du passé ;
Ressentir là, par courant magnétique,

Des ascendants l'effluve sympathique
Errant, perdu dans l'espace des temps,
Depuis cent ans.

J'ai voulu voir des aïeux la série :
Lors, sur l'état civil, à la mairie,
J'ai remonté le courant ancestral
Des Bessières et des Monal,
Continuant, j'ai suivi la filière
Et des Palhasse, et des Laromiguière,
Et des Barrès, aussi des Sabarly
Et des Marty.

## Limoges.

Limoges, paraît-il, est une ville ancienne
Largement arrosée au midi par la Vienne
Que traversent trois ponts de l'amont à l'aval :
Les ponts Neuf et des saints Etienne et Martial.
L'industrie est ici toute à la céramique ;
Un musée important, d'une richesse unique,
Vient d'y être créé, curieux monument
Par Mayeux construit récemment.

Neuve, pour ainsi dire, et largement percée,
La ville est desservie à chaque traversée
Par de nombreux tramways tous vides constamment,
D'une grande ville singeant le mouvement.
Le maréchal Jourdan, Gay-Lussac, Dussoubs même
Ont là leur bronze en pied, et, hommage suprême
Au président Carnot, bien naturellement,
Sa statue et son monument.

On ne peut pas manquer de voir l'Hôtel de Ville,
Edifice pompeux, et d'un luxe inutile,
Sans caractère aucun; la superfluité
Qui peut d'un sot orgueil gonfler la vanité :
En avant, dans un square, une riche fontaine
En bronze où l'on a fait jouer la porcelaine,
Un produit du pays qui, là, fait fonction
De toute décoration.

Comme églises l'on peut d'abord citer: Saint-Pierre
Des quatorze et quinzième avec sa flèche en pierre,
Saint-Michel, quatorzième et quinzième au clocher ;
Deux lions qu'à sa porte on voit sans les chercher.
Mais il faut visiter surtout la cathédrale
Saint-Etienne, avec la tournure peu banale,
Que lui donne, isolé, son haut clocher carré
Au quatorzième consacré.

L'église remonte aux quatorzième et quinzième,
Sa construction va même jusqu'au seizième.
La nef est élevée ; on remarque en un coin
Le tombeau d'un évêque, et la porte plus loin,
Qui du François premier offre un très bel exemple.
Mais dans la sacristie il faut que l'on contemple
Les merveilleux émaux d'un cabinet voisin
Signés Léonard Limousin.

Mais le plus curieux à voir en cette ville,
Et sans nul contredit aussi le plus facile
Dans cette cité neuve, est cet ancien quartier
Qui à la boucherie appartient tout entier.
Ici, l'on est encore en plein au moyen âge,
Les rues et les maisons en sont le témoignage ;
Les bouchers là, chez eux, de toute antiquité
Ont pu garder leur liberté.

Ils ont su conserver et leurs prérogatives
Et des aïeux aussi les croyances natives ;
Ils ont là leur église et leurs processions,
Malgré les attentats des révolutions.
Ils sont riches, puissants, on sait leur influence ;
Ils sont maîtres chez eux, vivant avec prudence,
Sans pouvoir être atteints par aucun arrêté
De la municipalité.

## Bessières.

C'est un beau nom que la gloire environne,
Et un beau bourg de la Haute-Garonne ;
Un clocher rose avec un ciel d'azur,
Entre Lavaur et Villemur.
Sur la grand'route et bordant la rivière,
Propres maisons et de brique et de pierre,
Pont suspendu franchissant d'un seul bond
Le Tarn profond.

## Montfort-l'Amaury.

De Montfort j'ai gardé pieuse souvenance :
Il a vu ma jeunesse et bercé mon enfance ;
J'eus là des grands-parents dès longtemps disparus,
Des vieux amis qui ne sont plus.
Comme autrefois, la ville est-elle encor gentille ?
Personne d'aujourd'hui n'y connut ma famille ;
J'y reviens maintenant, mais tout a dû changer,
Et je n'y suis qu'un étranger...

Je retrouve pourtant la charmante colline
Où je venais m'asseoir dessinant la ruine

De la tour Saint-Laurent dont les détails coquets
Émergent toujours des bosquets,
Descendant, j'entrevois la ville tout entière,
La place, ses maisons, auprès, le cimetière,
L'église, le clocher qui domine le tout,
Et l'antique porte Bardou.

Avec l'église encor je refais connaissance :
Le roman, l'ogival, aussi la renaissance
Ont marqué leur passage... Oui, le portail, je crois,
Est de l'époque d'Henri trois.
Après les beaux vitraux, une œuvre magistrale,
Je contemple à nouveau la porte latérale
Au midi, géminée, ayant l'éclat entier
Du bel art de François premier.

Du milieu de la place, une étroite ruelle
Conduit au cimetière ; une porte assez belle
Du quinzième pénètre à l'angle de l'enclos
D'un unique champ de repos.
Deux charniers curieux et d'un grand caractère,
Arcades et piliers faits de brique et de pierre,
Datant du dix-septième, aux combles apparents,
Montrent leurs dessins différents.

Entre les bras claustraux de cette architecture,
Au centre de l'enclos, la nuit, dans la verdure,

Apparaissent les croix, les cippes isolés,
Fantômes blancs inconsolés.
On dit que Ciceri, lors de Robert le Diable,
Prit ici le motif d'un décor admirable :
Ensemble, pittoresque, inédit, surprenant,
Pieux et impressionnant !

## Osny.

Dans cet étroit vallon par le Var arrosé,
Près de Pontoise s'est posé
Osny, l'un de ses plus pittoresques villages,
Au milieu de beaux pâturages.
L'église, des treizième et quinzième datant,
Vaut qu'on s'y arrête un instant ;
On y rencontrera quelque intérêt quand même
Dans ses chapiteaux du treizième.

## Boissy-l'Aillery.

Dans le vallon du Var, gros village planté
Au midi d'un coteau que la route a grimpé.
Église du treizième à l'abside carrée,
Belle rosace, une façade restaurée ;

Quoique étroite, la nef, avec ses bas-côtés
Et son triforium, doivent être cités.

## Holnon.

Chi ch'est qu'vus vérez deins ch'villache
Pour y treuver quite cose ed bieu,
Cheins connoite ein brin no' parlache,
Ch'est mieux d'vus éraler, mein fieu.

Mi qu'èje sus ein homme bein honête,
No foêt, j'vourrois pau vus deintier,
Frainc picard, j'ons bouté deins m'tiète,
D'vus dire el vrai, tout ein eintier.

Aveu nus, ign'y a pau d'histoêre,
Deins chou qué j'diroi d'mal ou d'bien,
El tout cheins ergret et pis coêre,
En laicheint à chécun el chien.

I m'siane à vir qu' pour eine Commeune
Auchi rique come all' l'est chelle lal,
Margré l'zeûtes qui n'ein veut aucueune,
Eine bielle égliche chest l'preinchipal.

L'neute ichi, ch'est eine pove batiche
Qu'èche curé is'meurfond ed deins,
Aveu chein bedeau et chein suiche,
Qui n'ein sont p'neux tertous chés geins.

Ch'moèrie, all n'est mi pu geintite :
Ch'matin j'étois témouen, j'nein vien,
Pour el noésseinche d'ein tiot galmite.
All' vaut pau les quate fers d'ein kien.

Ichi ch'est des poves majonetes,
Ign'ya ni domoêne, ni catiau,
Chés geins, i travoellent tant qued'bietes
Queind ya pau d'chide, i boive'ed yau.

Ed Saint-Queintin, vos ête cheins deute,
Feut qu'meinchi dévnir aveu mi,
Al majon nos casserons eine creute,
Ein perneint ech'café, m'n'ami.

J'veux vus préseinter à no dame,
A la bielle tiote file èque nous ons,
Qu'all' s'ra pétète bientôt eine femme ;
All' vous cant'ra toutes es cainchons.

Vus ai deu suive, cin v'neint d'el ville,
D'vo pied elger, ch'bo tout ein long ;

Vus ai veu là, ch'étoit fachile;
El pu bieu d'ech'pays d'Ourlon.

## Metz.

C'est dimanche, la Cathédrale,
A neuf heures sonnant se remplit de soldats.
Ils vont ici prier le seul Dieu des combats,
A la messe dominicale.

Leurs chants sacrés, retentissants,
Vibrent harmonieux aux parois des verrières
Qui transmettent au Ciel, en faisceaux de prières,
Ces accents mâles et puissants.

Là, dominant les forteresses,
Se dresse, impérieux, le bronze du vainqueur :
Un regard faux et froid vise la France au cœur,
Et semble narguer ses tristesses.

Et depuis trente ans, la Cité
S'endort inconsolée aux bras de la Moselle,
Rêvant de délivrance, et par nous et pour Elle,
De revanche et de liberté.

Oui, Metz ! de la patrie absente
Tu retiens en ton cœur le pieux souvenir,
Réduite, résignée, espérant l'avenir,
Sous le joug de l'heure présente.

O, Lorraine ! console-toi,
Tu possèdes encor la plus belle couronne :
Si, reniant son Dieu, la France t'abandonne,
Tes fils, au moins, gardent leur foi.

## Strasbourg.

Toi qui, de la Mère Patrie,
Jadis portais le deuil : que les temps sont changés !
Tu l'as donc oubliée ; et tes fils non vengés
Te contemplent, l'âme meurtrie.

Ton nouveau maître dit t'aimer ;
Il t'a faite plus grande, il t'a faite plus belle,
Tu ne peux maintenant être avec lui rebelle,
Et c'est à toi de le charmer.

Non, tu n'es plus ville française.
O *Strassburg*, c'est fini !... Pour un de ses relais,
Le Kaiser a bâti sur ton sol un palais,
Certain de s'y trouver à l'aise.

N'espérons plus rien aujourd'hui,
Car l'Alsace, à jamais devenue allemande,
Satisfaite, et soumise au Kaiser qui commande,
Marchera demain avec lui.

Des monuments et des casernes
Jusques au pont de Kehl, entre l'Ill et le Rhin,
Forment la ville neuve, et l'immense terrain
Sera tôt meublé de tavernes.

A ces fastueux horizons,
Je préfère l'aspect de ton ancienne ville
Si pleine d'autrefois, en souvenirs fertile,
Son Munster, ses vieilles maisons.

Là, souriant, noble et terrible,
Sur son socle, debout, Kléber n'est pas moins beau
Que Saxe, fièrement descendant au tombeau
Qu'entr'ouvre la mort invincible.

Ces témoins des temps glorieux
Protestent, frémissants... et la foule teutonne
Qui passe devant eux les contemple, et s'étonne
Que ces géants soient nos aïeux.

## Carlsruhe.

Arrêtons-nous quelques instants,
Entre deux trains, on a le temps,
Dans la capitale du Bade,
D'esquisser une promenade.
Quittant le *Banhof* aussitôt,
La première *Strasse*, bientôt,
Met devant nous, sans qu'on se presse,
La demeure de Son Altesse.

Là, le Grand-Duc étant absent,
Le portier-consigne consent,
Moyennant une redevance,
Toujours tarifée à l'avance,
A nous montrer de ce palais
Les appartements beaux ou laids.

Datant de fin du dix-huitième,
Il se présente de lui-même
Comme belle habitation
Exempte de prétention,
Quelque peu bourgeoise, peut-être,
Beaux meubles et toiles de maître,
Dans un grand salon, sans chercher,
Splendide plafond de Boucher.

Un corps principal et deux ailes
Obliques et non parallèles,
Et derrière, une haute tour
Qui domine tout à l'entour :
Au loin, les plus vertes campagnes,
La Forêt-Noire et ses montagnes
Qui s'échelonnent en gradins ;
Au bas, un grand parc, les jardins
Parfumés de fleurs, puis la Ville
Propre, régulière et tranquille.

D'un cercle occupant le milieu,
Le palais semble être un moyeu
D'où, comme les rais d'une roue,
*Jede strasse führt nach Karlsruhe.*

## Heidelberg.

Heidelberg, ô riante verdure,
Vallon si frais, Neckar torrentueux
Courant au pied de monts majestueux ;
Quelle séduisante nature !
La ville est là ; son Université
Si renommée aux fastes de l'histoire
Fleurit encore, et consacre la gloire
De la Cité.

Et, tout là-haut, essorant du feuillage,
Sur un sommet, les restes merveilleux
D'un vieux château, spécimen curieux
Des arts plastiques d'un autre âge.
Trois siècles d'art se rencontrent ici :
Chacun y mit le plus pur de son âme,
La majesté, la noblesse, la flamme,
Le charme aussi.

Tout est à voir dans l'ensemble superbe
Des trois palais, les façades surtout,
La grosse Tour et maint détail partout,
Jusqu'au fragment trouvé dans l'herbe.

Et ce tonneau, le si célèbre muid
Qui contenait trois cent mille bouteilles,
Je l'oubliais, une de tes merveilles,
Vide aujourd'hui.

Certain poète, à son retour d'Espagne,
De ce château si plein d'art allemand,
Faisait un jour, dans son étonnement,
Un Alhambra de l'Allemagne.
Heidelberg, site prestigieux
Toujours paré des dons de la nature,
Garde avec soin de ton architecture
L'or précieux.

Le Roi-Soleil, aux temps de sa puissance,
Voulut un jour dans le Palatinat
Faire campagne ; un vandale soldat
Portait le drapeau de la France.
Mélac sema des ruines partout,
Ne redoutant aucune représaille :
Le fer, le feu, la mine et la mitraille
Détruisaient tout.

Là, comme ailleurs, la guerre palatine
Devait porter ses odieux excès.
Il est donc vrai, c'est aux soldats français
Qu'on doit l'imposante ruine.

Le feu du ciel et les siècles aussi
Ont effrité l'image symbolique,
La statuaire et la ligne artistique
Qu'on voit ici.

Que j'aimerais passer quelques semaines
Sur ces sommets, loin du bruit des cités,
Y parcourir ces sentiers écartés
Aux perspectives si lointaines ;
Revoir souvent ces restes du château,
Y retrouver les souvenirs qu'évoque
Un seul débris sauvé, de chaque époque
D'un art si beau !

## Francfort-sur-le-Mein.

Ville libre jadis, prussienne aujourd'hui,
Francfort n'a point déchu, la ville est florissante,
Remuante, affairée, active, commerçante.
Il semble que pour elle un nouveau lustre ait lui
Du renom que lui vaut son marché monétaire.
Mais, narrer le passé de Francfort-sur-le-Mein,
Je ne saurais mettre la main
A ce métier de plagiaire.

La richesse est ici partout, cela se sent
A l'aspect fastueux des maisons de la ville
Qui compte d'habitants deux cent cinquante mille ;
Sur ce chiffre, Israël prélève dix pour cent,
Prouvant encor par là son instinct usuraire.
Retracer les beautés de Francfort-sur-le-Mein,
J'en dirais bien jusqu'à demain
Si j'étais un guide ordinaire.

Dans le quartier des Juifs, mainte vieille maison,
Le berceau des Rothschild simple et plein d'élégance ;
Mais dans les quartiers neufs, en toute circonstance,
C'est de la cariatide un abus sans raison ;
Elle semble être ici le décor nécessaire.
Vous parler plus longtemps de Francfort-sur-le-Mein,
Mieux vaut m'arrêter en chemin,
Car je craindrais de vous déplaire.

## Leipzig.

Leipzig, ce nom seul résonne comme un glas !
Napoléon est là, c'est en dix-huit cent treize,
Il amène avec lui, pleins de fougue française,
Cent cinquante mille soldats.
Trois cent mille alliés l'ont vu : la plaine immense
Tremble sous les canons qui tonnent sans merci
Pendant deux jours entiers. Chacun comprend qu'ici
Se jouent les destins de la France.
Le nombre nous écrase, on sent qu'il faut périr ;
Une journée encore, et c'est une défaite !
L'Empereur, sans faiblir, ordonne la retraite,
Voyant son étoile pâlir.

Qu'elles sont loin de nous ces luttes héroïques !
Et qu'ont produit ces flots d'un sang si précieux,
En ces temps-là, partout, versé par nos aïeux,
Ces patriotes fanatiques ?

Mais, ces pensers amers m'éloignent du sujet
Qui m'inspira ces vers. Revenons à la Ville :
De ce qu'elle contient retenant, entre mille,
    Une impression, un objet.

Leipzig, aujourd'hui, d'une enceinte inutile,
A renversé les murs qui l'enserraient jadis,
Remblayant les fossés, nivelant les glacis,
    Pour étendre plus loin la Ville
Et voulant s'embellir, sur cet emplacement,
A tracé des jardins pleins d'ombre et de verdure
Dont les vallonnements, imitant la nature,
    Changent d'aspect à tout moment.
Citons les monuments ornant la place Auguste,
Surtout l'*Augusteum*, son université,
Moderne et beau palais qui vaut d'être cité,
    Afin de n'être pas injuste ;
Où la salle, avant tout, dite des Pas-Perdus,
Quoique bien allemande est vraiment magnifique,
Le *Rathaus*, du seizième, édifice gothique,
    Un souvenir resté confus.
Presque en face s'élève un monument de bronze,
La Victoire casquée ; au bas du piédestal
Les vainqueurs allemands célébrant à cheval
    Soixante-dix, soixante et onze.

Aux quatre angles placés et se tournant le dos,
Les quatre conquérants, dans leur calme tudesque,
Ajoutent à l'ensemble une note grotesque
Sur leurs montures au repos.

## Berlin.

### I

C'est une belle et grande ville
S'accroissant chaque jour, et qui, depuis trente ans,
A bien plus que doublé son nombre d'habitants,
Aujourd'hui de quinze cent mille.

On sent qu'elle entend désormais
Pour tout ce qu'elle a fait, par tout ce qu'elle étale,
De l'Empire allemand rester la capitale,
Et n'y renoncera jamais.

Ses monuments sont gigantesques,
Ses maisons, ses hôtels, ses palais fastueux,
Surprenants de grandeur, d'ornements somptueux,
De mosaïques et de fresques.

Il fallait faire grand surtout :
Des temples colossaux, des dômes, des coupoles,
Des groupes, des reliefs, des bustes, des consoles,
Du bronze et du marbre partout.

Des portiques, des colonnades,
Le palais du *Reichstag*, un colosse hautain ;
Pour desservir la ville un Métropolitain,
Et plusieurs belles promenades.

Tout d'abord l'*Unter den Linden*
Qui va du *Lut Garten* aux portes appelées
*Der Brandenburger Thor*, sorte de Propylées ;
Puis près de là le *Thiergarten*.

La ville est très mouvementée,
Surtout certains quartiers, et je reste surpris,
Quand je ne puis passer, de voir, comme à Paris,
Une foule tant agitée.

Ces agents à pied, à cheval,
Coiffés du casque à pointe, émaillant mainte place
Encombrée, et surtout dans la *Friedrich Strasse*,
Sont un spectacle original.

Dans l'île que forme la Sprée
Est le Palais-Royal, vaste et lourd monument,
Auprès, la Cathédrale en cours d'achèvement,
Et pourtant déjà consacrée.

Mais le monument triomphal
Est la colonne qui, dite de la Victoire,
Célèbre des Teutons la trop récente gloire.
Comme horreur ce n'est pas banal.

L'art en est absent ; tout détonne :
Tant mieux ! les Allemands n'ont pas tous les succès,
Et l'on demeure encor très fier de l'art français
En contemplant cette colonne.

Je ne veux pas être taquin ;
Ne parlons seulement que de l'Architecture :
Tout ici me paraît d'une telle envergure,
Que chez nous tout semble mesquin.

## II

Sans être le gobeur quand même,
J'avouerai pourtant bien que j'aime,
Comparant, examinant tout,
A trouver quelque bien partout.

Sans faire fi de la critique,
Je n'appartiens pas à la clique
De ces grincheux qui, voyageant,
N'en ont jamais pour leur argent.
Je ne suis point de ceux qui trouvent
Que tout est mieux, sans qu'ils le prouvent,
Dans leur propre pays, qu'ici ;
C'est par trop exclusif. Ainsi,
Je constate que les Édiles
En Allemagne ont, pour leurs villes,
Des soins qui, pour nous, sûrement,
Sont un réel enseignement.
Nulle part meilleure tenue,
Ni ville mieux entretenue ;
Par terre, quelle propreté,
Quel ordre, quelle netteté !
Le boueux fait bien son office.
J'aime à croire que la Police
Y tient mieux la main qu'à Paris
Où ce service est désappris.
Aucune feuille qu'on lacère
Ne doit être jetée à terre :
De loin en loin sont des paniers
Pour y déposer les papiers.
Jamais de souillures murales,
Inscriptions plus ou moins sales ;

Point d'affiches, point d'écriteaux,
Boniments malpropres ou faux ;
Aucune colonne incongrue :
C'est la décence dans la rue.
Dans certains retraits écartés,
Quelques très rares apartés,
Autant cachés qu'ils peuvent l'être,
Difficiles à reconnaître.
Aucun angle ici n'est souillé
Par un malotru débraillé ;
Point de chiens déposant aux portes
Des ordures de toutes sortes.
Non, ce n'est pas comme chez nous
Où la rue est toute aux voyous,
Aux Vandales, à la canaille.
On respecte ici la muraille,
Le monument et la maison :
On est plus propre, on a raison.
Chez nous, tout est encore à faire
Dans ce sens, et je désespère
Qu'on y puisse arriver jamais ;
État chronique, désormais !
C'est peut-être affaire de race ;
Certains se plaisent dans leur crasse.
Comparant notre nation
A l'autre, mais sans passion,

Il faut bien que je vous le dise,
Oui, pour parler avec franchise
Et n'employer de plus gros mots,
Nous sommes de vrais saligauds.

III

Étant en Allemagne, à tort j'avais pensé
Pouvoir me régaler de bière ;
Il n'en fut jamais rien, j'étais un insensé,
Je le vois depuis la frontière.
Dans les meilleurs hôtels, on n'offre que du vin,
Et l'on n'y connaît pas la bière.
Consolez-vous, Français, si, manquant de Bavière,
Vous y trouvez assez de pain.
Si, dans la brasserie où l'on boit de la bière,
Vous désirez boire du vin,
D'eau, vous n'aurez jamais une carafe entière,
Mais un seul verre à peine plein.
Donc, un Français, ici, partout manque de pain,
D'eau, s'il en veut, même de bière,
Chez nous, ces Allemands nous font boire leur bière,
Et chez eux, nous vendent leur vin.

## IV

De ce qu'on voit dans ce pays,
Nous restons vraiment ébahis :
C'est étonnant, c'est formidable,
Prodigieux, incomparable,
Pour nous autres Français, surtout,
Ce que l'on voit d'enfants partout.
Partout nous en sont apparues
Des kyrielles dans les rues,
Dans les ruelles, les faubourgs.
La campagne et les alentours.
Tout cela blond et bien heureux,
De belle humeur et vigoureux.
De jeunes mères en ont quatre ;
Le petit qui ne peut s'ébattre
Est au sein, les autres poupons
Marchent accrochés aux jupons.
Ce peuple neuf produit sans cesse,
Car ces enfants sont sa richesse,
Et ne causent nul embarras :
Ce sont des têtes et des bras.
L'arbre est en sève, et ses rameaux
Innombrables, puissants et beaux,
Trop à l'étroit dans leurs frontières,
Sèment au loin des pépinières.

## Charlottenbourg.

Un grand et lourd château d'aspect assez banal,
Du dix-huitième siècle, avec dôme central ;
Sans aucun intérêt en tant qu'architecture,
Et valant seulement par sa longue envergure.
Le visiter serait un trop mince régal :
Ses ornements du temps, comme ailleurs, c'est fatal,
Du Louis quinze français voulant singer l'allure,
Du style rococo sont la caricature.

A côté du château, dans son grand parc ombreux,
Choisissant un retrait paisible et ténébreux,
On a voulu placer là, dans une chapelle,
De quatre souverains la dépouille mortelle.
Ils sommeillent, finis, loin des bruyants échos,
Et marmorifiés ; leurs faces au repos
Semblent blanchir encor, pâles, immaculées,
Le Carrare neigeux des quatre mausolées.

## Potsdam.

Deux grands châteaux, milieu du dix-huitième,
Ce n'est ni beau, ni très vilain :
Un très grand parc, des jardins, des eaux même,
C'est le Versailles de Berlin.

Potsdam alors, habituel séjour
Du Souverain, était splendide ;
Et là brillait, au milieu de la Cour,
Le malin auteur de *Candide*.

Les œuvres d'art, les tableaux, la sculpture,
Tous ces souvenirs entassés
Dans ces salons de si haute tournure,
Racontent les fastes passés.

Un peu plus loin, au sommet d'un coteau
Très élevé qui domine la ville,
Est Sans-souci, le troisième château,
Un Trianon simple et tranquille.

Sur le devant, chacun formant terrasse,
Sont six jardins superposés;
De l'un à l'autre un large perron place
Ses vingt degrés juxtaposés.

Au bas, un parc royalement paré :
Charmilles hautes et puissantes
Où l'art français de marbre a décoré
Les ronds-points des eaux jaillissantes.

En retrouvant à cette même place,
Près du château, ce vieux moulin,
On pense encore au meunier si tenace
Voulant des juges à Berlin.

Ayant créé lui-même Sans-Souci,
Le grand Frédéric sut s'y plaire ;
Bien qu'à l'étroit, il recevait ici
Son ami, Monsieur de Voltaire.

Voltaire osa, flatteur à sa manière,
Dire, insultant au nom français,
Que du Nord seul nous venait la lumière,
De son hôte enflant les succès.

## Hambourg.

De la Hanse jadis, Hambourg est une ville
Qui compte d'habitants six cent soixante mille.
L'Elbe y devient la mer ; elle est en ce moment
Le plus riche Havre allemand.

Son port et ses bassins si nombreux et si beaux
Ne contiennent pas moins de douze cents bateaux
De tonnages divers, et ses Transatlantiques
Qui sont des monstres fantastiques.

Son commerce étendu l'a faite florissante ;
Elle parcourt les mers, forte, active et puissante ;
Son nom s'impose à tous et sa richesse aussi :
On le voit bien partout ici.

La vieille ville est noire, et ses quelques canaux
Présentent çà et là des coins originaux
Parlant à la mémoire, en éveil et surprise,
De la Hollande et de Venise.

Bourse, Rathaus, et puis cathédrale gothique,
Modernes monuments ; jardin zoologique
Qui n'est pas de Berlin un timide reflet
Mais un jardin aussi complet.

Qu'ils sont riants et beaux ces deux lacs de l'Alster
Que coupe rugissante une ligne de fer !
Quel charme pour les yeux quand on est sur la berge
Dite « Les Degrés de la Vierge » !

Contournant ces deux lacs et couverts de verdure,
De larges boulevards forment une bordure
De cottages coquets, de jardins, de chalets,
De riches villas, de palais.

De l'autre bout du lac la ville, vers le soir,
Apparaît renversée en l'humide miroir ;
Et la masse isolée, imposante et sévère,
Semble ne plus toucher la terre.

## Altona.

Altona ! nom si doux qui semble être un réveil
Des noms harmonieux des pays du soleil,
Exilé de si loin aux brumes continues
De ces plaines basses et nues.

Altona ! ton nom seul indique une éminence,
Et de ton belvédère on admire en silence
Tes bateaux sillonnant l'Elbe majestueux,
Au bas de ton flanc montueux.

Sise en aval du fleuve, attachée à Hambourg
Sans interruption, on te croirait faubourg ;
Tu es ville pourtant, même une grande ville,
Port remuant, faîte tranquille.

Sur ce sommet, l'air pur agite le feuillage
Des arbres déjà vieux, prodiguant leur ombrage
A cette promenade où de pauvres enfants
S'ébattent gais et confiants.

Mais au bout de l'allée un cippe triomphal :
Des canons en faisceau, assemblage brutal,
Symbole de la force, il chante et perpétue
La gloire du bronze qui tue.

## Brême.

Le matin, à l'hôtel entr'ouvrant la fenêtre,
Nous entendons au loin, puis voyons apparaître,
Défilant sous nos yeux pendant quelques moments,
Un bataillon entier de soldats allemands.
Les fifres, les tambours scandent bien la mesure,
Le pas est bien marqué, la troupe a fière allure :
Auprès de ces soldats aussi trapus que grands,
Nos tout petits pioupious me semblent des enfants.

Brême est sur le Weser, avec une longue île
Qui lui forme deux bras, et, contournant la ville,
Est un large cours d'eau remplissant les fossés
De l'enceinte existant dans les siècles passés.
Sur son emplacement, bordant cette rivière,
On a fait un jardin à l'anglaise manière,

Vallonné savamment, ombrage précieux
Pour tous les promeneurs de repos soucieux.

Sa belle Cathédrale, aux deux flèches de pierre,
De l'époque romane est presque tout entière ;
Son quadruple portail est d'un effet puissant,
Et ses deux seuils blindés étonnent le passant.
Tout près le Rathaus, qui de la Renaissance
Étale tout le charme et la magnificence ;
Une salle au premier est faite d'art divin,
Et dans la cave en bas est un débit de vin.

Nous souperons tantôt en cet endroit bachique,
Car c'est un restaurant d'un prix assez modique,
Et l'on y mange bien. En outre, ce cellier
Garni de son public est très particulier.
Puis après le repas, on visite les salles
Où soupent, paraît-il, des altesses royales ;
Tous ces lieux souterrains décorés richement
Avec tout le renfort du vieux style allemand.

A remarquer : la Bourse, un moderne édifice
Assez intéressant, le Palais de justice,
Style moyenageux, construit tout récemment,
Hérissé de détails d'un complexe allemand,

De tous points rappelant du pays la cuisine
Qui, pour assaisonner la viande, imagine
D'y joindre des pruneaux, des pois et des radis,
Avec la confiture, un vrai salmigondis.

La Bourse du coton, tout aussi surprenante,
Qu'on ne peut contempler sans certaine épouvante ;
Voyant mon inquiétude, il fallait, me dit-on,
Ce si gros monument pour vendre le coton.
Mais la Ville, pourtant, a de la Renaissance
Gardé quelques maisons d'une rare élégance ;
Ce sont de vrais bijoux, dignes d'un riche écrin,
Qui, près d'eux, font pâlir notre art contemporain.

## Hanovre.

Du Hanovre autrefois c'était la capitale :
Ce royaume n'est plus, il est mort à jamais.
Prussienne aujourd'hui, Hanovre, désormais,
Est ville provinciale.
Sur le château du roi, les armes d'Albion
Datant de plus d'un siècle, en un fond que décore

L'ancienne architecture, apparaissent encore :
La Licorne et le Lion.
Le Hanovre a fourni toute la descendance
De la maison royale anglaise de nos jours,
La devise pourtant subsiste ici toujours :
« Honni soit qui mal y pense ! »
Ici sont trois Rathaus ; l'ancien, mal restauré,
L'actuel, le palais du roi Georges lui-même,
Sans doute insuffisant, alors que d'un troisième
Le gros œuvre est préparé.
Ce serait un péché de passer sous silence
La maison de Leibnitz, où l'art industriel
Rétrospectif étale un riche matériel,
Dans ce joyau Renaissance.
Vous pourrez aller voir, si le cœur vous en dit,
Célébrant Waterloo, le fût d'une colonne ;
Mais au cœur d'un Français, il semble que résonne
Comme un glas ce nom maudit.

## Brunswick.

Du Duché de ce nom Brunswick est capitale.
Le Duc, sans héritier, vieux, il était urgent

De pourvoir au Duché de façon radicale :
Le prince Albert de Prusse en fut nommé régent ;
C'est parfait, mais passons. Brunswick est dans la plaine
Assise sur l'Oker, qui l'enserre en ses bras.
Elle est industrielle, et pourtant elle est pleine
D'intérêt pour quiconque y veut porter ses pas.

Ayant trop peu de temps, il nous est difficile
De voir tout en détail ; tout est intéressant
Tout est nouveau pour nous dans cette ancienne ville ;
Et, brûlant le pavé, nous verrons en passant
D'abord les deux Rathaus, dont le vieux du quinzième,
Sa double galerie ; et le *Burg*, un château
Restauré de nos jours avec un soin extrême,
Décor intérieur très réellement beau.

Mais, ce qui plaît surtout, c'est la persévérance,
Le nombre et l'âge, ici, de ces maisons de bois ;
La maison des Drapiers, un bijou Renaissance,
Huit étages de pierre, évoquant l'Autrefois.
Le château communique avec la cathédrale
Dont les murs au dehors sont couverts de tombeaux ;
Puis, Sainte-Catherine, une église ogivale,
Et tant de curieux édifices nouveaux.

Sauf le *Kaiser Garten*, l'hôtelier nous explique
Que, pour notre soirée, il n'y a rien à voir.
Mais, là, le régiment fera de la musique
Pendant tout le souper. Soupons-y donc ce soir.
Il nous joue du Wagner, et je crois bien comprendre
Pour la première fois cet artiste allemand ;
Mais, par contre, il devient impossible d'entendre
Le Verdi mis au goût de leur tempérament.

## Hildesheim.

Non, rien n'est plus intéressant,
Plus imprévu, plus saisissant,
Que les aspects de cette ville,
Et l'on pourrait en compter mille
Avant de trouver entassé
Un tel bagage du passé.

C'est la ville du moyen âge ;
Elle a pu sauver du naufrage,
Malgré les courants incertains,
L'épave des siècles éteints.
Elle a su, vigilante et sûre,
Garder sa plus belle parure.

Ici sont les maisons de bois,
Les plus vieilles tout à la fois
Et les plus belles d'Allemagne :
Chacune semble une montagne
D'art empilé qui se transmet
Depuis le bas jusqu'au sommet.

Là sont, sur une même place,
Montrant de trois siècles la trace,
Le *Rathaus*, auprès les piliers
Et la maison des Templiers,
De vieux pignons, une fontaine ;
L'art a choisi là son domaine.

Le *Kaiser-haus* très curieux,
Ce petit palais des aïeux ;
Les églises, la principale,
Saint-Michel et la cathédrale
Et tant d'autres choses à voir ;
Nous n'en finirons pas ce soir.

On fait de la couleur locale
Une attraction générale ;
Elle s'étale franchement
Dans ce pays bien allemand
Où de ma langue maternelle
Nul ne saisit une parcelle.

## Cologne.

Cologne, c'est le Rhin et c'est la cathédrale.
Sur ce fleuve si large et si majestueux
Sont deux ponts joignant Deutz, d'une longueur égale,
Et cependant bien différents entre eux.
L'un est haut et superbe, un géant métallique ;
A ses extrémités, deux fortins fiers et beaux ;
Devant eux, à cheval, un kaiser pacifique ;
L'autre, en amont, est un pont de bateaux.
Le *Dom* ou cathédrale, œuvre retentissante
De trois siècles d'ogive, énorme et beau travail,
Avec ses deux clochers dont la masse imposante
Grandit l'aspect de son triple portail.
C'est un beau monument, mais trop vanté, peut-être,
La ligne est sèche et froide, et, sans un parti pris,
Je ressens que l'effet de cette œuvre de maître
Est au-dessous de Reims ou de Paris.
Mais il faut visiter les églises romanes,
Si cela peut entrer dans vos combinaisons,
Sans négliger pourtant les monuments profanes,
L'Hôtel de Ville et les vieilles maisons.

## Aix-la-Chapelle.

Dans cette ville, tout parle de Charlemagne,
De ce grand empereur des pays d'Occident,
De cet aïeul commun que la vieille Allemagne
A pris pour soi, le ciel aidant.

Aix a vu son palais, possède sa couronne ;
Sa mémoire partout plane sur la cité,
Et ces peuples d'antan que sa gloire environne
Le réclament avec fierté.

Il nous faut admirer la vieille cathédrale,
Son dôme plus ancien, d'un art si curieux,
Et des battants fermant sa porte occidentale
Le bronze antique et précieux.

Du quatorzième siècle est son Hôtel de Ville
Très étendu, pourtant agrandi récemment ;
A chaque extrémité se dresse un campanile
Accompagnant le monument.

Le palais se trouvait à cette même place
Qu'occupe le *Rathaus;* de ses constructions
Il subsiste aujourd'hui, paraît-il, quelque trace,
Dans les basses fondations.

La Grand'salle, au premier, a cinq doubles travées,
Aux voûtes retombant sur quatre chapiteaux
De colonnes de pierre, et ses quinze croisées
L'éclairent de leurs hauts vitraux.

L'ensemble est décoré de peintures à fresque
D'un effet merveilleux ; les hauts faits principaux
De Charlemagne y sont de façon pittoresque
Retracés en quatre tableaux.

Il faudra voir la place et la fontaine Élise,
Sulfureuse, datant de toute antiquité,
Et de Saint-Salvator la très ancienne église
Là-haut, dominant la cité.

## Spa.

Ville à la mode, ville d'eaux,
Sources froides ferrugineuses,
Jeux, sports et courses de chevaux,
Existences qu'on croit heureuses.

Là, seule en un château princier,
L'épouse triste, abandonnée,
D'un roi viveur, sans héritier,
Va mourir avant cette année.

Ici sont des sources partout,
Les promenades en sont pleines :
Annette et Lubin, mais surtout
La promenade des Fontaines.

## Saint-Quentin.

J'habitais Saint-Quentin au temps de ma jeunesse,
Il y a déjà cinquante ans ;
Je n'eusse pas pensé qu'aux jours de ma vieillesse
J'y reviendrais quelques instants.
Je ne retrouve plus ma vieille connaissance :
Aura-t-elle des jours plus beaux ?
On a percé, bâti, démoli par avance,
Pour faire des quartiers nouveaux.

Au surplus, tout cela n'est qu'une conséquence :
Doublant sa population,
Saint-Quentin devait bien, en cette circonstance,
Songer à son extension.
Ses allures d'antan se sont modernisées ;
On fit trois lignes de tramways :
Rocourt, le cimetière et les Champs-Élysées.
Qui pourrait le trouver mauvais ?

Comme tout est changé ! Voici bien la rue d'Isle,
Mais l'Abbaye a disparu.
Le pittoresque a dû faire place à l'utile,
Au moins à ce qui l'a paru ;
En bas, près de la gare, on voit de la Défense

Un monument simple et pieux,
De Faidherbe évoquant la longue résistance
Et les faits d'armes glorieux.

Voilà bien le Guetteur, le théâtre, la place,
Mais je ne la reconnais pas :
Du vieux puits qui l'ornait il ne reste plus trace,
On l'a mis derrière, là-bas.
A sa place se dresse, encombrant, inutile,
Quoique d'un grandiose aspect,
Un bronze rappelant le siège de la ville,
En quinze cent cinquante-sept.

J'aimais mieux du vieux puits le fer et la margelle ;
Dans son décor original,
Il avait l'avantage, au moins, d'être à l'échelle
De l'ancien hôtel communal,
Tandis que le trophée en bronze, par sa masse
Et son niveau d'emplacement,
Écrase et rapetisse au bas de la grand'place
Son plus précieux monument.

L'Hôtel de Ville qui remonte à cette époque
De Louis douze et François premier
Où, comme le palais, la plus pauvre bicoque
A l'art devait sacrifier.

Pour la ville d'alors, il ne pouvait que prendre
De modestes proportions,
Tout en sachant garder de ses voisins de Flandre
Les charmantes traditions.

En bas, la galerie aux voûtes à nervure,
Colonnettes et chapiteaux.
De la face, au dessus, la fine architecture
Et les verrières à meneaux.
En haut, les trois pignons à crochets et rosaces
Venant ajourer la paroi ;
Les gargouilles au pied essayant leurs grimaces
Sous le carillon du Beffroi.

Du Conseil, au premier, voici la grande salle :
Son haut plancher de bois, portant
Sur des corbeaux de pierre où la sculpture étale
Son brio le plus éclatant.
Et sa monumentale et belle cheminée
D'un rare et précieux travail,
De balustres flambants et sculptures ornée,
Colorée aux feux du vitrail.

Mais il faut admirer la vieille basilique :
A quatre siècles on la doit,
Du douzième au quinzième une œuvre magnifique,

Et colossale, par surcroît :
Certes, elle vaut mieux que bien des cathédrales.
Son merveilleux double transept,
Sa haute nef et ses chapelles absidales
Surprennent par leur grand aspect.

Dans la crypte existant sous cette basilique
Est le tombeau de saint Quentin,
Refouillé dans le fût d'une colonne antique
D'un beau marbre blanc, levantin.
Le tombeau de ce saint n'est pas seul ; il faut dire
Qu'on voit encore, auprès du sien,
Ceux aussi de ses deux compagnons de martyre :
Saint Victoric, saint Cassien.

Fervacques a vécu : le palais de justice
N'est plus là ; pour le remplacer
On a construit un vaste et splendide édifice
Qu'on ne va pas recommencer.
Les pastels de La Tour, ô fortune cruelle !
Ont quitté Fervacques aussi
Pour aller occuper une place nouvelle,
Hôtel Lécuyer, près d'ici.

Sur la place Saint-Jean, aujourd'hui Lafayette,
Est la fontaine Paringault,

Il paraît qu'un monsieur de ce nom, bien honnête,
A la Ville fit ce cadeau.
Au faubourg Saint-Martin, une église nouvelle
De brique rouge, entièrement,
Style plutôt roman, d'ordonnance assez belle,
Originale, assurément.

Dans cette rue en bas, je revois la façade
De l'Hôtel des Arquebusiers,
Du dix-septième siècle, à sculpture assez fade.
Nous sommes rue des Canonniers :
En face, je logeais dans la maison de pierre
Et de brique qu'on dénommait
La Maison-Rouge ; elle a disparu tout entière :
Personne plus ne la connaît.

Un hôte plus illustre eut là sa résidence :
Bonaparte, en dix-huit cent deux,
Un jour y séjourna ; c'était alors, je pense,
Pour lui ce qu'on trouva de mieux.
Du modeste Quinquet ici se perpétue
Le souvenir ; mais Saint-Quentin
De Quentin de La Tour a dressé la statue,
Et celle aussi d'Henri Martin.

La population n'est pas aussi locale

Qu'il y a quelque cinquante ans ;
L'élément étranger de jour en jour détale
Ce qui restait du bon vieux temps.
Je ne retrouve plus aujourd'hui ce langage
Fait de patois, ni cet accent
Du franc parler picard brusque, dont se dégage
La vérité, cela se sent.

De l'occupation espagnole au seizième,
Il restait des noms castillans,
Des femmes au teint brun de l'Andalouse même,
Aux yeux profonds, noirs et brillants.
En ce temps, je voyais, sans qu'il craigne l'alcade,
L'amoureux au cœur enflammé,
Avec ses musicants, envoyer une aubade
De la rue à l'objet aimé.

FIN

# TABLE DES MATIÈRES

**Allemagne**

- Alsace-Lorraine.
- Bade (Grand-duché de).
- Brunswick (Duché de).
- Holstein.
- Prusse.
  - — Brandebourg.
  - — Hanovre.
  - — Hesse-Nassau.
  - — Rhénane.
- Saxe.
- Villes libres.

**Belgique** : Province de Liège.

**Espagne** : Le Guipuzcoa.

# TABLE ALPHABÉTIQUE

---

Franconville, 38, *S.-et-O.*
Frépillon, 22, *S.-et-O.*
Fresnes-les-Rungis, 116, *Seine.*
Gagny, 188, *S.-et-O.*
Gennevilliers, 47, *Seine.*
Gentilly, 89, *Seine.*
Gonesse, 172, *S.-et-O.*
Gournay, 195. *S.-et-O.*
Goussainville, 187, *S.-et-O.*
100 Groslay. 33, *S.-et-O.*
Grosrouvres, 143, *S.-et-O.*
Hambourg, 276, *Ville lib.*
Hanovre, 281, *Pruss.-Hanovre.*
Heidelberg, 260, *Duch. Bade.*
Hendaye, 232, *Bass.-Pyr.*
Herblay, 42, *S.-et-O.*
Hildesheim, 284, *Pruss.-Hanov.*
Holnon, 253, *Aisne.*
Houilles, 140, *S.-et-O.*
110 Issy, 99, *Seine.*
Ivry-sur-Seine, 120, *Seine.*
Joinville-le-Pont, 147, *Seine.*
Jouy-le-Comte, 28, *S.-et-O.*
Jurançon, 235, *Bass.-Pyr.*
Juvigny-sous-Andaine, 209, *Orne.*

Labbeville, 13, *S.-et-O.*

La Chapelle-Moche, 209, *Orne.*

La Courneuve, 61, *Seine.*

La Ferté-Macé, 208, *Orne.*

120 La Frette, 44, *S.-et-O.*

La Queue-en-Brie, 196, *S.-et-O.*

Le Blanc-Mesnil, 144, *S.-et-O.*

Le Bourget, 58, *Seine.*

Le Grand-Tremblay, 155, *S.-et-O.*

Leipzig, 264, *Saxe.*

Le Kremlin, 88, *Seine.*

Le Mesnil-Aubry, 177, *S.-et-O.*

Le Mesnil-le-Roi, 151, *S.-et-O.*

Le Plessis-Bouchard, 37, *S.-et-O.*

130 Le Plessis-Gassot, 186, *S.-et-O.*

Le Plessis-Picquet, 113, *Seine.*

Le Raincy, 189, *S.-et-O.*

Les Lilas, 71, *Seine.*

Les Prés-Saint-Gervais, 71, *Seine.*

Le Thillay, 187, *S.-et-O.*

Levallois-Perret, 57, *Seine.*

L'Hay, 114, *Seine.*

Lignou, 206, *Orne.*

Ligugé, 220, *Vienne.*

140 L'Ile-Saint-Denis, 48, *Seine.*

**Limoges**, 247, *Haute-Vienne*.
**Limours**, 169, *S.-et-O.*
**L'Isle-Adam**, 10, *S.-et-O.*
**Livry**, 152, *S.-et-O.*
**Longjumeau**, 170, *S.-et-O.*
**Lourdes**, 237, *Haut.-Pyr.*
**Luzarches**, 30, *S.-et-O.*
**Mafliers**, 18, *S.-et-O.*
**Maisons-Alfort**, 134, *Seine.*
150 **Maisons-Laffitte**, 149, *S.-et-O.*
**Malakoff**, 92, *Seine.*
**Mareil-en-France**, 174, *S.-et-O.*
**Margency**, 15, *S.-et-O.*
**Marines**, 7, *S.-et-O.*
**Mériel**, 23, *S.-et-O.*
**Méry-sur-Oise**, 22, *S.-et-O.*
**Metz**, 255, *Als.-Lor.*
**Mitry-Mory**, 160, *S.-et-M.*
**Moisselles**, 24, *S.-et-O.*
160 **Monsoult**, 18, *S.-et-O.*
**Montesson**, 141, *S.-et-O.*
**Montfermeil**, 190, *S.-et-O.*
**Montfort-l'Amaury**, 250, *S.-et-O.*
**Montigny-lès-Cormeil**, 43, *S.-et-O.*
**Montlignon**, 14, *S.-et-O.*

Montmagny, 34, *S.-et-O.*

Montmorency, 8, *S.-et-O.*

Montreuil-sous-Bois, 124, *Seine.*

Montrouge, 97, *Seine.*

170 Mours, 25, *S.-et-O.*

Nanterre, 132, *Seine.*

Nerville, 24, *S.-et-O.*

Nesles-la-Vallée, 12, *S.-et-O.*

Neuilly-sur-Marne, 194, *S.-et-O.*

Neuilly-sur-Seine, 72, *Seine.*

Nogent-sur-Marne, 148, *Seine.*

Nointel, 25, *S.-et-O.*

Noiseau, 197, *S.-et-O.*

Noisy-le-Grand, 192, *S.-et-O.*

180 Noisy-le-Sec, 127, *Seine.*

Orly, 124, *Seine.*

Ormesson, 197, *S.-et-O.*

Osny, 252, *S.-et-O.*

Pantin, 61, *Seine.*

Parmain, 11, *S.-et-O.*

Pau, 234, *Basses-Pyr.*

Persan, 26, *S.-et.-O.*

Pierrefitte, 127, *Seine.*

Pierrelaye, 41, *S.-et-O.*

190 Piscop, 32, *S.-et-O.*

Sannois, 38, *S.-et-O.*

Sarcelles, 2, *S.-et-O.*

Sartrouville, 142, *S.-et-O.*

Sceaux, 107, *Seine.*

220 Seugy, 30, *S.-et-O.*

Sevran, 153, *S.-et-O.*

Soisy, 13, *S.-et-O.*

Spa, 289, *Prov. Liège.*

Stains, 126, *Seine.*

Strasbourg, 256, *Alsac.-Lor.*

Suresnes, 130, *Seine.*

Tarbes, 243, *Haut.-Pyr.*

Taverny, 20, *S.-et-O.*

Tessé-Froulay, 206, *Orne.*

230 Tessé-la-Madeleine, 204, *Orne.*

Thiais, 118, *Seine.*

Tours, 214, *Indre-et-Loire.*

Vaires, 200, *S.-et-M.*

Vallangoujard, 242, *S.-et-O.*

Valmondois, 11, *S.-et-O.*

Vanves, 95, *Seine.*

Vaujours, 135, *S.-et-O.*

Viarmes, Royaumont, 29, *S.-et-O.*

Villaines, 173, *S.-et-O.*

240 Villejuif, 122, *Seine.*

Villemonble, 68, *Seine.*

Villeparisis, 178, *S.-et-M.*

Villepinte, 156, *S.-et-O.*

Villetaneuse, 62, *Seine.*

Villiers-Adam, 23, *S.-et-O.*

Villiers-le-Bel, 33, *S.-et-O.*

Villiers-le-Sec, 174, *S.-et-O.*

Villiers-sur-Marne, 193, *S.-et-O.*

Vincennes, 166, *Seine.*

250 Vitry-sur-Seine, 123, *Seine.*



ÉMILE COLIN, IMPRIMERIE DE LAGNY (S.-ET-M.)

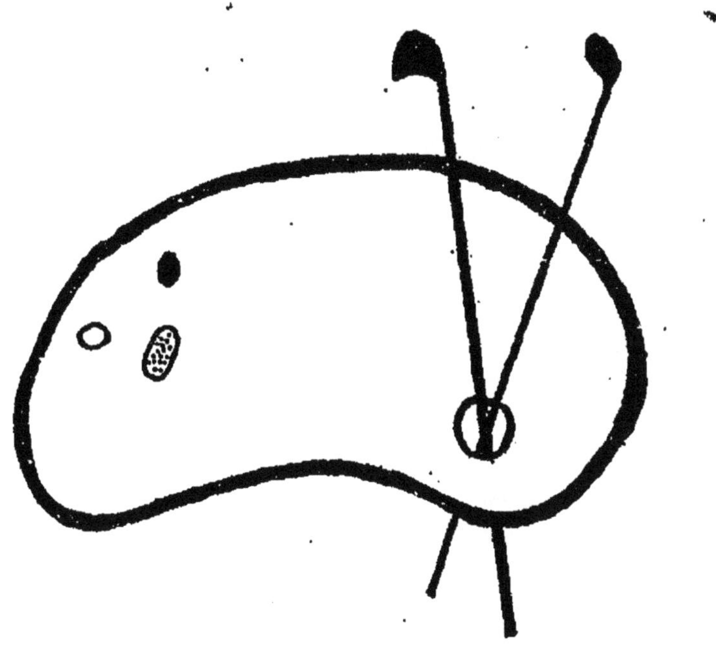

www.ingramcontent.com/pod-product-compliance
Ingram Content Group UK Ltd.
Pitfield, Milton Keynes, MK11 3LW, UK
UKHW010231240726
13926UKWH00013B/2134